小学館文庫

西国三十三か所　ガイジン巡礼珍道中

クレイグ・マクラクラン（訳／橋本恵）

小学館文庫

目次

第一番札所青岸渡寺でタカギさんと。
右がクレイグ、左が相棒ポール。

まえがき

わたしの本を買ってくださったみなさん、どうもありがとう！

この本をお読みいただく前に、一言お断りしておきたいことがある。わたしもポールも今回の西国《さいごく》三十三か所巡礼の旅を、かの偉大なる俳人、松尾芭蕉の旅になぞらえるつもりなど、もうとうない。わざわざ芭蕉を引用したのは、ポールもわたしも芭蕉の大ファンであり、芭蕉の俳句が現代にも十分通用することを、どうしても言いたかったからだ。三百年以上前の古い俳句だからといって、芭蕉の非凡なる才能を過去のものと切って捨てるのは、あまりにももったいない。

この本ではポールを芭蕉に見立てたが、芭蕉本人があの世で「失敬な！」などと立腹しないよう、せつに祈っている。ポールもわたしも芭蕉を心から敬愛《けいあい》しており、軽《けい》蔑《べつ》する気はまったくない。

また本文のなかで、観音さまを「ゴルフの女神」、お地蔵さまを「観音さまのキャディ」と呼ばせてもらったが、こちらももちろん他意はない。

この本は歴史書でもなければ、ガイドブックでもない。「ガイジン巡礼二人組が、汗水流してえっちらおっちら、西国を巡礼してまわった旅の物語」として読んでいただければ、それだけで十分である。

我が愛する妻ユリコと、二人の息子リキとベンに捧ぐ

年暮れぬ笠着て草鞋《わらじ》はきながら——松尾芭蕉、一六八五年

"Another year is gone——
a traveler's hat on my head,
straw sandals on my feet."

【訳者プロフィール】
橋本　恵（はしもと　めぐみ）東京生まれ。東京大学教養学部アメリカ科卒。某大手都市銀行に勤務ののち、翻訳業に専念する。主な訳書に『犯罪銀行BCCI』（ジャパンタイムズ）、『ローマ郊外四季物語』（講談社）、『デジタルチルドレン』（ソフトバンク）、『20世紀を創った人たち　ガルブレイス回顧録』（TBSブリタニカ）、『ニッポン縦断歩き旅』『ニッポン百名山よじ登り』『四国八十八か所　ガイジン夏遍路』『ダレン・シャン』シリーズ（既刊　一～八巻）（以上、小学館）などがある。

装丁／DOMDOM
地図／大山デザイン
編集協力／倉田恵美子
編集／山田武美

第一章 古《いにしえ》の道

―青岸渡寺《せいがんとじ》から十津川《とつがわ》温泉―

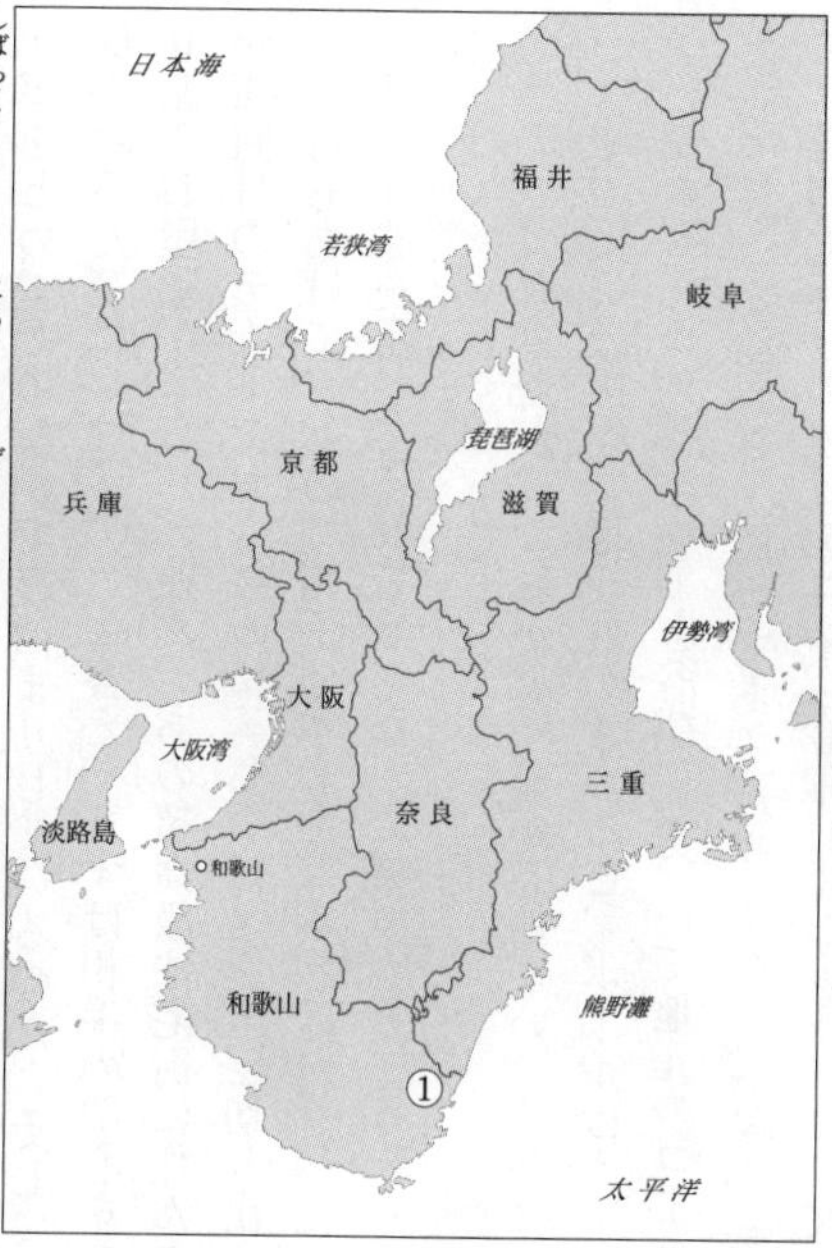

①青岸渡寺《せいがんとじ》

暫時《しばらく》は滝に籠《こも》るや夏《げ》の初め――松尾芭蕉、一六八九年

"For a while I sit
meditating by the falls――
start of a summer retreat."

ポールは、ワゴン車で暮らしている。ハワイ大学の上に位置するマノア渓谷《けいこく》にワゴン車をとめ、そのなかで寝泊まりしているのだ。そして、「お住まいは?」と女性に聞かれるたびに「マノア」と答え、まずは相手の関心をひく――まあステキ、この人、立派なお屋敷がずらりと並ぶ、あの超高級住宅街に住んでいるのネ! そして三回目か四回目のデートでおもむろに「じつは……」と切り出す。ワゴン車暮らしであることを打ちあけて、初めて相手の本心を探るわけだ。へえー、そうなの、とたいていの女性は興味を示してくれるが、なかには「あっそう」とすげない態度に変わる方もいるらしい。

そのワゴン車だが、これがなかなか心地よい。後部にダブルベッド、窓はうすい色つきで、換気は抜群。毎朝目がさめると、ポールはオートバイに飛びのり、ハワイ大学のジムへ行ってシャワーを浴び、つづいて地元のコーヒーショップで「まずは一杯」としゃれこんでから、職場であるハワイ大学へ行き、教鞭《きょうべん》をとるかたわら勉強もする。毎週火曜日の晩はテニス、金曜日はヨットチームで海へくりだし、週末は仲間とぶらぶらするという、なんとも優雅な日々を送っている。

ポールは、かなり女性にもてる。ポールのように四十過ぎでノ丶ー丶マ丶ルな男性は、ホノルルでは希少価値があるからだ。しかし、ポールを我が物に、とねらう女性はわんさかいるが、今のところ成功した者はいない。

日が暮れると、ポールはマノアの「アパート」に帰る。もちろん、家賃はタダだ！ことほどさように、ポールの人生は万事都合よくできている。

このポールと、わたしはかれこれ十八年のつきあいになる。その昔、ポールが七年かけて世界を旅してまわり、ニュージーランドでわたしの実家に泊まったのが、知り合ったきっかけだ。ポールは世界中あちこち出かけては、いろいろなことに手を出す男である。少なくとも本人から聞いた話ではそうであり、いつか日本に行って四国を歩きまわりたい、というのが口癖だった。いわゆる「四国八十八か所巡礼の旅」である。といわれても、一九八一年当時のわたしは、弘法大師《こうぼうだいし》はおろか、巡礼という言葉すら知らなかった。あの頃のわたしはニュージーランドで暮らす一介《いっかい》の大学生で、ニュージーランドの女性とラグビーとビールのことしか頭になかった。

さて、ときは流れて一九九五年――。わたしは縁あって四国巡礼の旅に出かけることになり、いっしょに行かないかとポールに手紙を書いた。なんといっても四国巡礼を思いついたのは、ポールのほうが先だ。そうしたら、

「ええい、ちくしょう！　もとは、おれのアイデアだぞ！　なのに、おまえ一人で行くなんて！　でも、今年はだめだ。目が回るほど忙しい」

という返事が来たので、

「心配するなよ。いつか、別の巡礼をいっしょにやろう」

となぐさめてやった。

しかし本音を言えば、別の巡礼に行く気などさらさらなかったし、四国以外に巡礼があるのかどうかも知らなかった。

いつしかときが流れ、二〇〇〇年——。これも何かの巡《めぐ》りあわせか、わたしはポールの力添えと幸運に恵まれて、奨学金でハワイ大学に留学し、MBA（経営学修士）を修得するチャンスに恵まれた。わたしのように三十七歳で子どもが二人いる既婚の男にとっては、めったにないチャンスである。幸い、妻と息子たちもハワイで一年暮らすという案に賛成してくれたので、一家でハワイに移り住むことにした。かの地には、ポールという心強い味方もいる。もちろん今でも、ワゴン車暮らしだ。

ハワイに到着したわたしは、のっけからポールに「巡礼」を持ち出された。

「よお、クレイグ。いつか巡礼をやろうって言ったよな。どの巡礼だよ?」

「ええっと……西国《さいごく》三十三か所巡礼はどうかな」

日本で四国以外の巡礼といえば、「西国巡礼」しか思いつかない。

「おう、いいぜ。で、どんな巡礼?」

「いや、その、まだよくわかんないんだけど……」

「よーし、おれにまかせとけ」

なんとも情けないわたしの答えに、ポールは胸をたたいた。日本やアジアのことなら、ハワイ大学の図書館に膨大《ぼうだい》な資料がある。構内にはイースト・ウェスト・センターもあり、ハワイ大学はアジア研究に強いのだ。

「クレイグ、うまくすれば、軍資金も手に入るかも。まあ、おれたちがうまく学者に化けられれば、の話だけどよ」

「ああ、ポール、それなら安心だ。おまえ、もう何年も化けてるじゃないか！」

＊

さっそく二人で、情報収集にとりかかった。わたしは日本の友人に頼んでガイドブックと地図を取り寄せ、ポールは構内をかけずり回って巡礼の資料集めに奔走《ほんそう》した。

ポールが見つけた一番の宝は、一七二七年にロンドンで出版されたエンゲルベルト・ケンペル著『日本誌』一、二巻だ。かなり古い本のため、紙がもろく、閲覧《えつらん》を申請しないと見られない貴重な本である。ケンペルは長崎のオランダ商館付きで滞在したドイツ人医師で、一六九一年から九二年にかけて当時の将軍を表敬訪問したことがある。

徳川時代の日本を生き生きと描写した『日本誌』は大変興味深く、ヨーロッパに多大なる影響を与え、その後百五十年間にわたってヨーロッパ人の日本観を決定づけた。とくに巡礼に関する記述は、おもしろいの一言につきる。

さらにありがたいことに、軍資金のめどもついた。潤沢《じゅんたく》とまではいかないが、西国巡礼を遂行《すいこう》するには十分な額だ。ハワイ大学のアジア研究科が、奨学資金を見つけてくれたおかげである。

「なあポール、毎晩、野宿する覚悟があれば、何の問題もないよ」

二十五日間の巡礼をやる、と決めたわたしは、念のためポールにくぎを刺しておいた。

「おいおい、おれをだれだと思ってるんだ。毎日、ワゴン車で寝泊まりしてるんだぞ。まかせろよ、どこでだって寝てみせるぜ！」

「よーし、それでなくっちゃ！」

*

ただし一つだけ、問題があった――巡礼に出る時期、である。二人ともからだがあいているのは夏だけだったが、日本の夏は蒸し暑く、不快なことこのうえない。

「じつはさ、ポール、ハワイで学期を終えてから、大阪でインターンとして働くまで、三週間しかあいてないんだ」

わたしは、ポールに相談した。わたしが受講したMBAコースは、ハワイ大学での十二か月の講義にくわえ、日本で三か月インターンとして働くのが条件になっているのだ。

「まあ、巡礼について論文を書くってことにすれば、早めに卒業させてくれるかもしれないけど。今回の旅は、どうしても二十五日かかる。しかも、真夏だよ。いいかい、ポール、言っとくけど、日本の夏はめちゃくちゃ暑い！　夏の長旅はぞっとしないけど、でも……」

「でも、とにかくやるんだろ、クレイグ」

「まあな」

というわけで、わたしはポールの口ききで卒業論文の担当教授を早めに見つけ、学期が終わる二週間前の七月半ばに大学を去る許可を、めでたく取りつけることができた。それまでに大学院の論文を大量にこなさなければならないが、卒業論文のほうは「巡礼の冒険」を「アカデミックなフィールドワーク」にうまく化けさせたので、すんなりと許可された。

「なあポール、おれが学者じゃないって、いつばれるかな」

と不安がるわたしに、ポールはにやりと笑って言いきった。

「けっ、とうの昔にばれてるぜ」

＊

　こうしてわたしとポールは二〇〇〇年七月十九日、青岸渡寺《せいがんとじ》の石段の下に立った。太平洋にほど近い和歌山県にある、西国巡礼第一番の札所《ふだしょ》だ。折よく前の日に、梅雨が明けた。青岸渡寺行きのバスを待つ三十分の間に、ポールは紀伊勝浦《きいかつうら》駅前の町をあちこち歩きまわって、足に二つの水ぶくれを作ってしまったが、それをのぞけば前途は洋々だった。大学の課題はすべて終えたし、体力トレーニングはいまひとつだが、巡礼の下調べは万全だった。

　同じ巡礼の旅でも、四国八十八か所巡礼を「名僧の旅」とすれば、西国三十三か所巡礼は「奇跡《きせき》の旅」といえるだろう。四国巡礼が弘法大師《こうぼうだいし》という名僧の足跡をたどるのに対し、西国巡礼は観音さまの奇跡をまつった寺をたどるからだ。奇跡の大半は病気の治癒《ちゆ》であり、慈悲《じひ》と恵みの菩薩《ぼさつ》である観音さまは、いまや日本の菩薩のなかで一番の人気をほこるといってもいい。伝説によると、西国巡礼の創始者は花山《かざん》天皇（在位九八四〜九八六）らしい。花山天皇は退位後、観音さまへの信仰と巡礼に生涯を捧《ささ》げたそうだ。また西国巡礼のなかでも熊野参詣《くまのさんけい》はとくに人気が高く、天皇のなかには退位後に三十四回も詣《もう》でた者がいるという。太平洋から日本海にいたる現在の西国巡礼ルートは十二世紀にほぼ決まり、四国巡礼や西国巡礼が一般大衆にも広がるにつれて、十五世紀に集大成されたそうだ。

＊

二〇〇〇年の夏、ガイジン巡礼のポールとわたしは、一〇〇〇キロにおよぶ西国巡礼に立ち向かおうとしていた。ポールは日本語をまったく話せないが、事前に多少なりとも勉強したのか、さも得意げに造語を披露《ひろう》してくれた。

「なあクレイグ、おれたちは修行じゃなくて、遊行をめざそうぜ。修行はつらいだろ。苦行だからさ。修行ってのは、困難を克服《こくふく》して自分を試し、人格を高めることをいうんだよな」

「でもおれたち、そのために来たんじゃないの？　それが仏教の基本概念の一つなんだよ」

「でもよ、クレイグ、おれは遊行のほうがずーっといいなあ。楽しみながら巡礼するほうが、だんぜんおもしろいだろ。じつはおれ、退屈な毎日を一時忘れて、人生を楽しむために巡礼に出た人たちの話を読んだんだ。今まで行ったことのない場所に出かけて、すこしばかり楽しみましょうってわけよ。だからさ、おれたち、修行はやめて遊行しようぜ。これぞ、いわゆる中道ってやつだな、うん」

「なんでもいいけどさ、ポール、とりあえず清く正しい道をめざそう。先は長いし、八月の二十日までにはなんとしても終わらせないと。おれは二十一日から東京でインターンだし、おまえだってその日にハワイ大学に戻らないとまずいだろ」

西国巡礼の第一番札所にあたる**青岸渡寺**（那智山《なちさん》）は、一三三メートルの落差をほこる那智滝と那智大社の間にある。猛暑の最中だけに人影はまばらで、石段だけがえんえんとつづき、上り坂の脇《わき》に並んだ土産物《みやげ》店もがらんとしていた。土産物を売ろうにも肝心の観光客がいないから、店番もどこかへ行ってしまったらしい。われわれは正門をくぐり、豊臣秀吉が一五九〇年に再建した本堂へ、さらに那智滝が望める三重塔へと登っていった。もちろん、参拝の作法はきちんと守った。まず手水所《ちょうずどころ》で手を洗い、本堂に向かって一礼して、鐘楼《しょうろう》で鐘をつき、賽銭《さいせん》をお供《そな》えしてから観音さまにお参りする。

そのあとわれわれは境内《けいだい》の売店に立ち寄り、巡礼の旅支度《たびじたく》を整えるつもりだった。が、そうは問屋が卸さなかった。金剛杖《づえ》や納経帳はあったのだが、白衣《びゃくえ》はわれわれにはきつい小サイズしかなく、菅笠《すげがさ》は売り切れだった。それにしても、売り切れとは驚きだ。

しかたなく小サイズの白衣を買ってから、わたしはポールに声をかけた。

「たしか途中の土産物店に、菅笠があったぞ。あれは、必需品だ」

必需品だ、と力説したのには、わけがある。わたしは頭をそったばかりだったのだ。帽子がなければ、頭の皮が日焼けして、えらい目にあう。

「よし、ポール、ひとっ走りして、おまえの分も買ってきてやる。とにかく、急ごう。このぶんだと、いつ店が閉まるかわからない」

わたしの記憶にまちがいはなく、石段を降りてすぐの土産物屋で菅笠を見つけることができた。しかも、店番がちゃんといる。白いランニングシャツ姿のおじさんだ。墨《すみ》で「那智」と手書きされた菅笠を二つくださいと告《つ》げたら、一つどころか二つも買ってくれるのか、とおじさんはほくほく顔をした。さらによほどうれしかったのか、何か「サービス」してあげられる物はないかと店内を見まわしたあげく、ある物に目をつけた――喜劇俳優マルクス兄弟のグルーチョがかけるような、でかい鼻と口ひげのついたみょうちきりんなメガネだ。こんなもの、売れ残りに決まっている！　青岸渡寺ならではの土産物ではないし、二十五日間の巡礼で役に立つとも思えない。

「いいえ、いいです。いりません」

「えっ、タダなのに！」

おじさんは、当てがはずれてがっかりしたらしい。

「それはそうですけれど、けっこうです」

おじさんを振りきって本堂に戻ったら、日本語をまったく話せないポールが、われわれを迎えに出てきたお坊さん相手に、悪戦苦闘しているところだった。今回の旅では最初の数日間、わたしの大親友のテツがつきあってくれることになっていた。テツは有名なアウトドア雑誌の編集者で、この旅を記事にするため、ユウジというカメラマンも連れて来ることになっており、テツが勤務先の出版社の名前で青岸渡寺の宿坊《しゅくぼう》を予約してくれた。だから予約したテツがいなくても、お坊さんが気をきかせて迎えに出てきたのである。

このタカギさんというお坊さんと世間話をして五分もたたないうちに、テツとユウジが到着した。わたしとポールは大阪からだが、テツとユウジははるばる東京からだ。テツはお坊さんのように頭をそりあげた人なつっこい男で、今も真っ黒に日焼けした顔に満面の笑みを浮かべている。かたやユウジは機材の入った大きなバッグを腰にくくりつけ、早くもカメラを取り出した。すぐにでも仕事にとりかかる気らしい。

宿坊はすぐそばにあり、四人で相談した結果、一風呂浴びて夕食をとってから、西国三十三か所巡礼についてタカギさんに相談することになった。このタカギさんは知識もさることながら、なかなか味のある人物で、われわれがおいしい食事を堪能《たんのう》し、浴衣姿でくつろいでいたら、七時前にやってきて、ビール片手にいろいろ教えてくれた。とくに熊野古道《くまのこどう》にくわしくて、経路図のコピーを広げて本宮《ほんぐう》までの道筋をていねいに教えてくれた。その地図を見るかぎり、初日からきつい旅となりそうだ。中辺路《なかへじ》にそって四〇キロほど、山中を登ったり下りたりしなければならない。

やがて話題が変わり、なぜガイジン二人組が西国を巡礼することになったのか、しかもなぜ日本人のジャーナリストまで同行するのか、とタカギさんに質問されて、テツがあらためてわれわれを紹介した——こちらにおられますガイジンさんは、なんと日本百名山を踏破《とうは》した有名なお方なのですよ。

「ああ、あのガイジンさんか！」

タカギさんは即座に、大声でがなりたてた。

「はいはい、百名山ね！　じつはあたしも挑戦中なんだけど、これが大変でね。朝は毎日五時にお勤めがあるから、ぜったい寺から抜け出せないでしょ。山に登ろうと思ったら、朝のお経を終えたとたんに飛び出して、車を猛スピードでぶっ飛ばして、ささっと山に登って、翌朝のお勤めまでに戻らないと——。富士山に登ったときなんて、あやうく遅刻するところだったよ！」

と聞いて、わたしは目をむいた。

「ええっ、ここから富士山まで？　日帰り？　車で？」

「うん、まあね。ありゃあ、きつかった」

「でしょうねえ。スピード違反でとっ捕まったんじゃないですか」

「いやいや、あんた、速すぎてパトカーも追いつかんわ！　それに、なんたってあたしには、お釈迦さまがついていてくださる。それより、北海道や九州のように遠くの山はどうしようかと、今、悩んでるところなんだわ。御岳山《おんたけさん》は平気だね。日帰りで行けるから。石鎚山《いしづちさん》も考えてるところでね。あそこなら、一日かけずに戻れそうだから」

ここでポールがわたしに、英語で言った。

「なあクレイグ、おまわりさんはさぞ困るだろうよ。スピード違反でとっ捕まえたらお坊さんでした、なんてよ」

「ご利益《りやく》を思えば、目をつぶるってもんだ」

テツたちと相談した結果、翌朝は五時に本堂に集合し、朝の祈りに出てから早めに出発する、ということで話がまとまった。

その晩、ポールはせっせと頭をそろうとした。ところが自分のかみそりはおろか、わたしのかみそりまで鈍らせたあげく、最後にはわたしがポケットナイフのはさみで

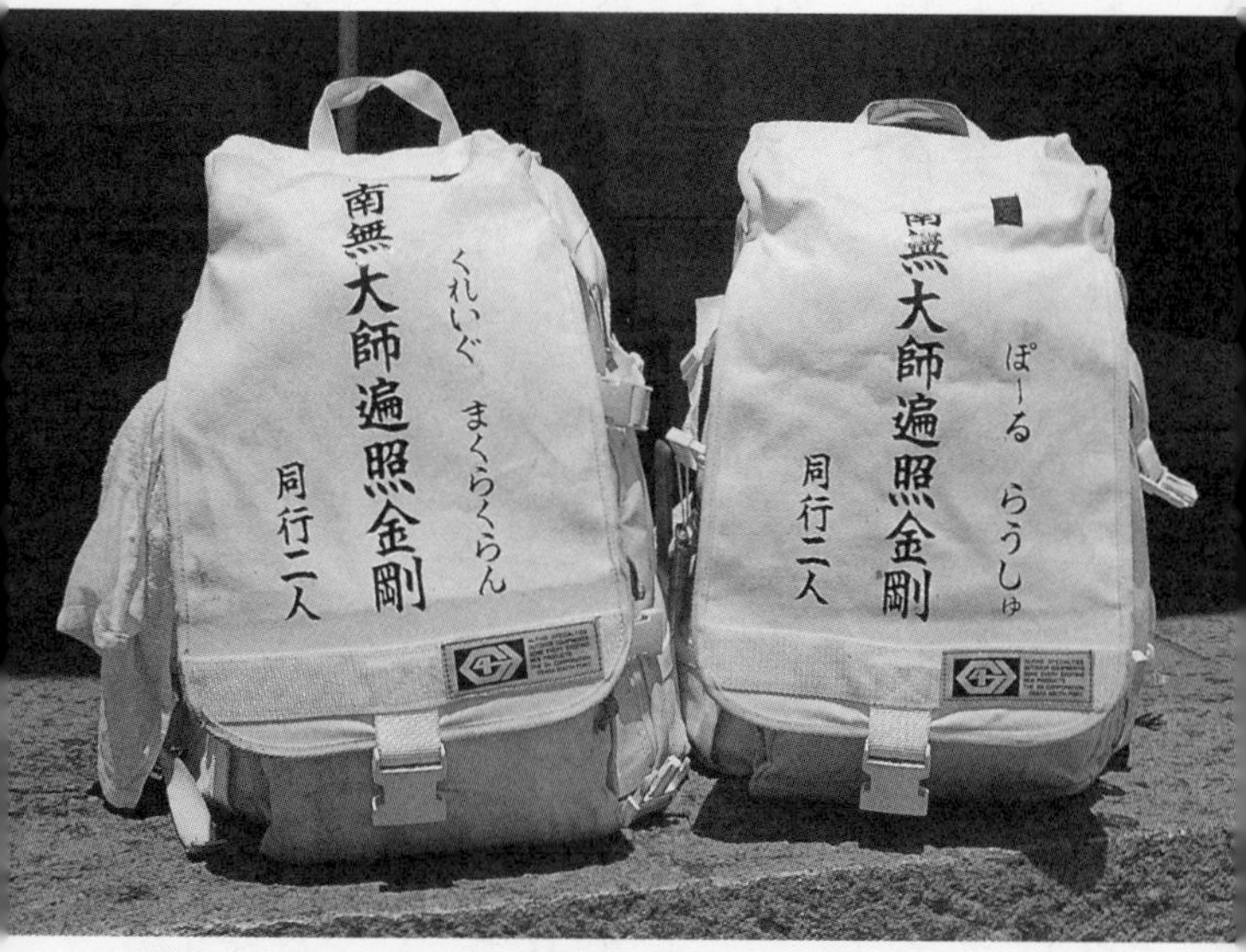

道中をともにした、友人の手作りバックパック

長髪を切り落としてやらなければならなかった。えらく苦労したが、いざ丸刈りにしてみたら、マルコメくんそっくりでなかなか似合う。きれいにはそれず、数日間はすこし残った髪の毛が突っ立って変だったが、とりあえずこれで仏教のお坊さんらしくなった。

＊

翌朝は腕時計のアラームで四時四十分にたたき起こされ、五時前になんとか荷物をまとめて、特注のバックパックにつめこむことができた。このバックパックは、今回の巡礼のために大阪の友人が丸一日かけて作ってくれたもので、白い生地にわれわれの名前が平仮名で、さらに漢字で「南無大師遍照金剛《なむだいしへんじょうこんごう》」と、どちらも墨文字で書いてある。この世に二つとない特製のバックパックだけに、道中やたらと人目を引き、すでに大勢の方々からコメントを頂戴《ちょうだい》した。

さあ、巡礼のスタートだ。本堂では住職《じゅうしょく》が三人のお坊さんといっしょに朝の祈りを唱《とな》えており、われわれも招かれて観音さまの前にすわらせてもらった。聖なる熊野の山中で、那智滝を拝みながら、日本を代表する敬虔《けいけん》な寺で、正座して朝の祈りを捧げる――こんな粋《いき》な朝のひとときを味わったガイジンなど、めったにいるまい。

住職は、タカギさんが化けたのかと思うほど、タカギさんに瓜二《うりふた》つだった。それもそのはず、じつのお兄さんだという。この住職がわれわれに、巡礼の歴史をかいつまんで講釈してくれた。

「で、皆さんはお車で回られるのですか」

「いいえ、歩いて回ります」

「ほう、歩きですか。じゃあ、くれぐれも車に気をつけてくださいよ」

と言って、住職は観音さまにお辞儀し、供え物のミカンをごっそり取って、タカギさんが持っていたビニール袋に入れた。同様にゼリーのお菓子も山ほどつめて、袋ごと渡してくれた。

「これをお持ちなさい」

「ありがとうございます」

ポールと声をそろえてお礼を言い、ずるずると後ずさりしながら、わたしはポールにこっそり耳打ちした。

「なあポール、どうせなら、あのでっかい酒の箱がいいな」

「おいクレイグ、そうしたらおれたち、本物の遊行者《ゆぎょうじゃ》になれるぞ」

ポールが楽しそうに大口をあけて笑った。

今日は、骨の折れる長い一日になりそうだ。早く出発するにかぎる。さっそくタカギさんに別れの挨拶《あいさつ》をしていたら、住職であるお兄さんから名刺を渡された。裏に何か走り書きと、赤い判子《はんこ》が押してある。

いぶかるわたしに、住職が胸をはった。

「これは、パスポートだと思ってください。お寺で見せれば、親切にしてもらえること請け合いです。パスポートのように、使ってくださいよ」

お寺で見せれば親切にしてもらえるパスポート——なんと、すばらしい。これぞまさに地獄で仏だと、天にものぼる心地だった。

＊

早朝の五時四十五分、緑豊かな広い谷間の東の山から、ひょっこり顔をのぞかせた太陽を拝みつつ、われわれは巡礼の旅に出た。杉の大木が生いしげり、陽光も差さない山中を、石道がまっすぐ突き抜けていく。これぞ、由緒《ゆいしょ》ある古《いにしえ》の道だ。観音さまに祈りを捧げる無数の巡礼が、何世紀にもわたって踏みしめてきた、聖なる古の道——。

たしかに、おごそかで歴史を感じさせる。巡礼にふさわしいスタートといえよう。

そんなわたしのすがすがしい思いとは裏腹に、ポールがぼそっとつぶやいた。

「あーあ、おれの足の水ぶくれに、観音さまがお慈悲をたれてくれねえかなあ」

観音さまに願いが届くかどうか、心配な様子だ。

古の道は山中をずんずん登り、途中アスファルトの舗装道に「古の趣《おもむき》」をぶちこわされつつも、さらに上へ延びていく。早朝からすでに蒸し暑く、われわれは古の道にそって尾根づたいに進んだ。梅雨が明け、晴天なのはありがたい。もし順調にいけば、この先十日は雨の心配もないだろう。

ポールは山中で、うだるような暑さとバックパックの重みに辟易《へきえき》し、悪知恵を働かせた。お土産としてホノルルから持ってきたハワイアンのCDを、今ここでテツとユウジに渡して、余計な荷物をすこしでも減らそうと画策《かくさく》したのだ。

「そうそう、きみたち！　お土産があるんだ」

しかしテツもユウジも、喜ぶほどのバカではない。

「帰るまで、持っててくれよ。荷物を増やしたくないから」

と、テツがそっけなく答える。もちろん、ユウジもだまされなかった。

さて話は変わるが、ポールは今回の巡礼を「巡礼の今昔――古の巡礼と二十一世紀の巡礼」という題目で、論文にまとめるつもりだった。たしかに古の道がアスファルトの道路と交差するたびに、「巡礼の今と昔」を肌で感じてきた。すでに数キロ、アスファルトの道を歩いてもいる。谷間にある地蔵茶屋でも、「巡礼の今と昔」を如実《にょじつ》に物語るような光景を目《ま》の当たりにした。赤い前掛けをしたお地蔵さんがずらりと並ぶ、こぢんまりとした寺のすぐ脇に、立派な公衆トイレと緊急通報用の電話が立っていたのだ。ひなびた寺の脇に、世界中どこに見せても恥ずかしくない近代的なトイレと、ソーラーパネルを電源とする電話が並ぶとは——なんと異様な光景だろう。しかもここは、人里離れた田舎だ。寺とトイレと電話をのぞけば、とりたてて何もない田舎でも、「昔と今」は混在している。

古の道はふたたび上り坂になり、標高八七〇メートルの越前峠にたどり着いた。ここが今日の頂上で、あとは下るばかりだ。そのとき、先頭にいたわたしは、道の右手から突然、何かがさっと飛びだすのを目撃した。右目の視界の端で動きをとらえ、ギャアと仰天《ぎょうてん》して飛びのき、反射的に右手をさっと動かしたら、右手の荷物が何かの頭に当たった——ヘビだ！　ヘビの頭をまともにピシャリとはたいたおかげで、わたしはむき出しの足をかまれずにすみ、あやういところで命拾いをした。

しかし、すぐ後ろにいたポールはヘビに気づかなかった。

「な、なんだよ」

そのまままっすぐ突き進み、あやうくヘビを踏みそうになる。

「ポール、ヘビだ！　ヘビ！」

「ヘビ？　どこに？」

山の中でお地蔵さんとポール

「バカ野郎！　おまえのすぐ足元だよ！」

　幸いなことに、ヘビは頭をはたかれボーッとしていたらしい。そのすきにポールも飛びのいて、命拾いした。その間にヘビは、するするっと藪《やぶ》の中に戻っていった。

「うわっ！　マムシか？　毒ヘビだろ！」

　やや遅れてテツとユウジも追いつき、われわれはひとしきりヘビ談議で盛りあがった。ポールの故郷ハワイと、わたしの故郷ニュージーランドはどちらも、ヘビの存在しない珍しい国だ。

「うへっ、クレイグ、おまえがかまれないで、ホントよかったよ。おまえの足から毒を吸いだすなんて、おれ、やだよ。考えただけでぞっとする」

　などとポールがほざくので、わたしも負けずに言い返してやった。

「うるさい。おれだってごめんだよ。ポール、今度はおまえが先に行けよな」

　下るうち、かなり大きな集落があったとおぼしき場所に差しかかった。腕時計の高度計によると、標高は四二五メートルだ。植林された杉が生いしげる森の中だが、集落の痕跡《こんせき》がはっきりと見て取れる。さっき通過した茶屋の跡と同じで、広々とした平らな場所のあちこちに、苔《こけ》むした石壁が残っている。が、建物そのものは、植林された杉の木々にうもれて、跡形《あとかた》もない。この集落の跡は、古の道にそって長く延びていた。

　ポールはすっかり感心して、声をあげた。

「見ろよ、クレイグ。こりゃあ、考古学者の夢だ」

「うん、ポール、歴史を肌で感じるってのは、こういうのを言うんだろうな。いったい何人の開拓者が、ここで暮らしたんだろう。赤ん坊はどのくらい、生まれたのかな。どうやって生き延びたんだろう」

「それにしても、驚いた。すっかり忘れられちまったんだな。いっそのこと、うちの大学の考古学チームでも引き連れて来ようかなあ」

　風雨にさらされた木製の標識によると、ここは楠久保《くすくぼ》という地名らしい。案内板には、開拓者による一七四七年の日記も引用されていた。木が腐り、大半のペンキがすでにはげているため、日本人のテツでも読むのに苦労するほどだが、どうやら昭和三十五年（一九六〇年）まではここで村人が暮らしていたらしい。昭和三十五年といえば、わたしが生まれる二年前だ。この集落の旅館では代々にわたり、通りかかった巡礼の世話をしてきたのだが、巡礼そのものがすたれたので、村も消滅した。そして跡地は森となり、西暦二〇〇〇年を迎えた今、当時植林された杉の苗木がゆうに二〇メートルの高さに成長した——というわけだ。

急な坂を転げるようにして山から谷に抜け、小口《こぐち》という小さな村に出た。古の道をたどった結果、村の家々の裏庭を通りぬける格好になり、鎖につながれた一匹の犬にさんざんほえられたが、庭で働いていたおばさんは顔を上げて、にっこりと笑いかけてくれた。台所にいたおばあさんも、目の前を次々と横切るわれわれに「こんにちは」と愛想よく挨拶《あいさつ》してくれた。このあと古の道は現代の道路と重なり、古びた橋を渡ったところで、雑貨屋に突き当たった。

ちょうど昼どきで、腹ごしらえをしようという話になり、雑貨屋のおばさんが親切にも「食堂に電話してあげるね」と言ってくれた。

「そんなに遠くないのよ。お客さんが四人行くと言えば、開けてくれるかもしれないねえ」

しかしざんねんながら、電話にはだれも出なかった。

そこでわれわれは、親切なおばさんの雑貨屋で食料を調達することにした。肥料やらゴム長靴やら酒やら、なんでもござれの店だ。

「カップ麺《めん》がよければ、お湯をわかそうかね?」

というおばさんの申し出を、ポールはありがたく受けることにした。

「おおっ、これぞまさに生ける慈悲の女神だ」

小口でひと休み

われわれが店の屋根の下に出て、路肩に腰を下ろしたとたん、おばさんはどこかにかけ出していき、わざわざ庭からねぎを引っこ抜いて、ラーメンに入れてちょうだいよと、みじん切りにして持ってきてくれた。

と突然、村の拡声器から『恋はみずいろ』が大音響で流れてきた。正午を告《つ》げる合図だ。青岸渡寺からここ小口まで、六時間かかった計算になる。ほぼ予定どおりだったが、足の痛みは予想外にきつく、夕暮れまでまだ八時間もあるというのに、ユウジはここで一泊しようなどと言い出した。

一休みしていたら、腰まである胴長を着た漁師さんが川から上がってきた。鮎《あゆ》を釣っていたという。

「ああ、ニュージーランドね！」

と漁師さんは、われわれを雌鳥《めんどり》のように温かく見守ってくれる雑貨屋のおばさんに、うなずいてみせた。

「そう、ニュージーランド！」

ポールはハワイ人のくせに、すっかりにわかニュージーランド人になりきっている。お調子者だが、いちいち国籍の違いを説明するのは、たしかに面倒だ。

「ニュージーランドは今、冬なんですよ」

図にのってポールはおばさんに説明したが、うなずく様子からすると、すでにごぞんじと見える。

「あのね、ニュージーランドはね、日本とおなじ島国なんです。火山もあるし、地震もあるし、温泉もある」

　なおもまくしたてるポールに、おばさんは「知ってるわよ」とうなずいた。

　そういうわたしもうなずきながら、驚きを隠せなかった。わずか七年前、わたしが九州から北海道まで日本列島を徒歩で縦断したときには、アメリカ人ではないと釈明したり、ニュージーランドはここですよと説明したり、なにかとわずらわしかったものだ。それが今は、こんな田舎のおじさんおばさんでも、ニュージーランドのことを知っている。もしだれか、日本人の国際意識を高めようと努力した人がいたとしたら、よくやりましたとほめてあげたい。

　なぜニュージーランドをごぞんじなんですか、といぶかるわたしに、漁師さんはこう答えた。

「ニュージーランドは、しょっちゅうテレビに出てくるから」

　一時間の小休憩の間、雑貨屋をのぞきに来たのは一人だけだった。上半身素っ裸で、ハワイのビーチが描かれた海水パンツをはいた、裸足《はだし》のわんぱく小僧だ。小錦よりも真っ黒に日焼けしている。

巡礼姿でうだるような暑さと格闘中のポールは、この小僧をしきりにうらやましがった。

「あーあ、おれも海水パンツを持ってくりゃあよかった」

休憩のあと、われわれは曲がりくねった道にそって、海の日で休みの郵便局を通りすぎた。さらにトンネルをくぐり抜け、つり橋を渡って山に入り、えんえんとつづく尾根をえっちらおっちらと登っていった。

午後二時頃、天候があやしくなってきた。十秒ごとに、聖なる山々に雷鳴《らいめい》が響《ひび》く。稲妻や雨はまだだが、すさまじい雷鳴を聞いただけでも、気持ちがピンと張りつめる。雷鳴のおかげで、古の道がいっそう神々しく見え、威厳を感じた。この雷鳴に、古の巡礼はさぞ震えあがったにちがいない。千年の開きがあるとはいえ、今も昔も雷鳴に変わりはないはずだ。

この時点で、わたしは早くも朝方のヘビ遭遇《そうぐう》事件をすっかり忘れていた。そして、またしてもはりきって先頭に立ち、藪《やぶ》から飛び出してきた動物と遭遇することになる――こんどは、カモシカだ。灰色を帯びた長い毛に、茶色の力強い脚を持つカモシカが、それこそあっという間に山をかけのぼり、姿を消したのである。一瞬の出来事で、気づいたのはわたしだけだった。

　道は丘をぐるりと取り囲むようにして下へ延びていき、われわれは熊野川に出た。全員疲れきっていて、あたりをうかがう余裕すらなかったが、ふと丘の向こうを見れば、川と小さな集落があるではないか。請川《うけがわ》という集落だ。

　われわれは道なりに進んで、またしても村人の家々の裏庭を突っきり、国道一六八号にぶつかった。この国道をすこし歩いたところに酒屋があり、外にベンチと自動販売機が置いてある。まずは、何か飲みたい。このあとどうするか、ミーティングも必要だ。本音を言えば、ポールと二人で決めた方が手っとり早い。だが、いくらオブザーバーとはいえ、テツとユウジの意見を聞かないわけにはいくまい。ユウジが、「もうこれ以上歩くのはぜったいにいやだ」と音を上げていただけに、なおさらだ。

「一時間ほど温泉につかって英気を養う」という案もあるが、温泉に行くとなると、巡礼ルートからそれて、少なくとも三キロは歩かなければならない。時間にして、約四十分だ。ポールもわたしも巡礼ルートを離れたくなかったので、酒屋の隣の中華食堂でひとまず腹を満たし、食料を買いこんでから、山の背に隠れる太陽を尻目に本宮をめざして、国道三一一号を歩きだした。

　熊野本宮大社《くまのほんぐうたいしゃ》のあるこの本宮を、わたしとポールは最初から「初日の目的地」に決めていた。古の巡礼も、まずは本宮をめざしたにちがいない。それにしても、大変な一日だった。山中の道をひたすら四〇キロも歩いただけに、あたりが暗くなる午後七時過ぎ、大社の鳥居に到着した頃には疲労困憊《こんぱい》し、全員ふらふらだった。腹は満杯だが、風呂はまだだ。寝る場所も、決まっていない。テツとユウジのあせりが、手に取るように伝わってくる。といっても、わたしは旅慣れているから、風呂も寝る場所もそう気にならない。ポールは、世界中どこでも夜を明かせる男だ。日本では野宿したことがないが、まずだいじょうぶだろう。本人も認めるとおり、蚊帳《かや》さえあればどこででも、文句を言わずにごろんと寝ころぶにちがいない。しかしテツとユウジは、基本的には「脇役」に過ぎないのだが、まともな場所でゆっくり寝たいと強硬に言いはった。法に触れるようなまねは、「いっさいしたくない」そうだ。

ならば、どうするか。これといった案もないまま、大社に向かってとぼとぼと歩きながら、わたしはある提案をした。

「五分ほどひきかえせば、学校がある。今日は学校に泊まろう。運がよければ、プールがあるかも。なくても、蛇口《じゃぐち》さえあれば、からだを洗える。夏休みだから、朝早くに子どもが来ることもない」

よし、そうしよう、とポールは大乗り気だったが、テツは煮えきらず、ユウジにいたっては「出版社の経費でホテルに泊まろう」などと言い出した。しかしいまさらホテルといわれても、いったいどこにホテルがあるのだ？　結局、わたしの「学校プラン」が採用され、われわれは来た道を戻り、道路よりかなり高いところにある学校めざして、坂道を上っていった。着いてみればよくある校舎で、狭いグラウンドはあるが、ざんねんながらプールはない。明かりが見えたが、しばらく様子をうかがったところ、だれもいなさそうだ。空模様がかなりあやしいので、万が一雨に降られてもぬれないよう、校舎の長いはりだしの下にマットを一列に並べた。遠くの山々の上で稲妻がまばゆい光を放っているが、頭上には星が見える。

稲妻を目の当たりにしても、ポールはあくまで能天気だった。

「降らないよ。ありゃあ、夏によくある稲妻さ。そうそう、ガキの頃、ウィスコンシンでよく見たよ。ピカピカ派手に光るけど、雷も雨もないヤツさ」

だが、油断は大敵だ。ウィスコンシンと日本では、いかんせん環境が違いすぎる。

ざんねんながらプールはなかったが、わたしは蛇口を見つけ、口を上に向けて水を勢いよく噴きあげながら、素っ裸になって水を浴びた。ポールもわたしにならって服を脱ぎすて、盛大に水を浴びる。そんなガイジン二人組に、テツとユウジはおそれをなしたらしい。学校で寝るという非常事態に当惑し、こんな形で水を浴びた経験もないと見え、水浴びするわたしとポールをよそに、おびえてそそくさと寝袋にくるまった。

シャワーを浴びたあと、請川で買った地酒をちびちびと飲みながら、わたしとポールは稲妻のライトショー見物としゃれこんだ。なかなか華麗なショーだ。

遠くで光る稲妻を見ながら、ポールが柄にもなく、まじめな話をした。

「なあクレイグ、なんで日本で神道が生まれたのか、おれ、わかる気がする。あの稲妻を見ろよ。さっき、雷も聞いたよな。有珠山《うすざん》の噴火、三宅島もそうだ。そして神戸の地震。台風もよく来る。これじゃあ、諸々の天災からわれらを守りたまえと、神さまにすがりたくもなるよなあ」

「それを言うなら、仏教が根を下ろしたのもわかるよ。自分自身をかえりみるためだ。神道は外に目を向ける信仰だけど、仏教は自分の内面に目を向ける信仰だから」

地酒はすぐに底をついた。そのとき、わたしはある事実に気づいて、すっとんきょうな声を上げた。

「あっ、しまった!」

「ん、どうした、クレイグ?」

「シーツを忘れた」

蒸し暑い日本では、寝袋よりシーツにくるまって寝たほうがいい。そうとわかっていたくせに、わたしは肝心のシーツを忘れてしまったのだ。

「そうだ、テントのシートがある！」

結局その晩わたしは、他に何を忘れてきたかと一抹《いちまつ》の不安をいだきながら、紫色をしたテントのシートにくるまって寝た。

＊

翌朝は五時前に学校を出た。テツとユウジは、「学校で野宿するなんて！」などと他人様《ひとさま》に見とがめられる前に、一刻も早く出発したいらしい。夜はとうに明けたし、すでに暖かい。わたしもポールも早朝の出発に異論はなく、四人そろって元の道にひきかえし、熊野本宮大社の鳥居をくぐった。

ここでわれわれはひとまず、足の手入れをすることにした。四人とも初日から、足を傷めてしまったからだ。水ぶくれを切開して、絆創膏《ばんそうこう》をはり、手当てした足にあわせて、靴を調整しなければならない。とくにポールとわたしは巡礼中ずっと、こうした足の手入れにかなりの時間をさくことになる。巡礼に出て二日目の今日、いちばん悲惨なのはユウジだった。足は傷だらけ、おまけに寝不足、しかも重いカメラ道具をかかえている。惨憺《さんたん》たる有り様を見かねて、ユウジには早いうちに東京へ戻り、スリッパにはきかえて足を休めてもらうことにした。写真は、すでに十分撮ってある。ユウジほどではないが、わたしやポールもからだがなまっていたせいか、それとも真夏にはふさわしくない靴をはいてきたせいか、かなり足をやられてしまった。足がまともなのは、テツだけだ。

熊野本宮大社は、出雲大社と雰囲気が似ている。もともとは熊野川の中州に鎮座《ちんざ》していた神社だが、明治二十二年（一八八九年）、台風による大洪水でほとんど流されてしまった。そこで二度と同じ災厄《さいやく》にあわぬようにと、本宮町北方の高台に再建されたのが、今の大社だ。

早朝の六時——。時間が時間だけに、境内はがらんとしている。われわれは中を散《さん》策《さく》し、旅路のあいだわれわれをお守りください、と神道の神々に祈りを捧げた。そんなわれわれを、黒いカラスの集団が、堂々たる杉の木立のはるか上から、見下すようにカアカアと鳴く。ここ本宮で、カラスは聖なる鳥だ。三本足のカラスが大社のシンボルになっていることを思えば、朝っぱらからカアと鳴かれても当然か。

痛む足を引きずり、十津川《とつがわ》温泉へ向かう道すがら、後ろから来た一台の車がタイヤをきしらせて脇にとまり、ドライバーが窓を開けた。出っ歯をむき出して、ニコニコと相好《そうごう》をくずした顔がのぞく——青岸渡寺のタカギさんだ！

「おおっ、よくがんばったねえ。こんなに来たのか。いやね、朝のお勤めを終えたんで、これから葛城山《かつらぎさん》に登ってトレーニングしようと思って。さあ、急がないと。じゃあ、がんばってね！」

と言い残して、タカギさんはあっという間に走り去った。

「ほーら、クレイグ、やっぱりな！　スピード違反でとっ捕まえたおまわりさんは、ホント、困るだろうよ」

われわれはここで、ある決断を迫られた。六、七時間かけてもう一山歩いてこえるか。それとも山を避けて周囲を回り、三時間かけて同じ目的地をめざすか――。目の前にそびえる山は、背筋が寒くなるほど高い。全員、足がボロボロだ。われわれは、迷わず後者を選んだ。

ほどなく奈良県に入り、十津川村に到着した。左手に絶壁《ぜっぺき》、右手に断崖《だんがい》を見ながら、川ぞいの谷をずんずん登っていく。ここでわたしは、途方もない工事現場を目撃した。太くて長い鋼鉄の柱をコンクリートの土台で支え、峡谷《きょうこく》と峡谷をどんどんつなぎ、直線道路を作る工事が進行中だったのだ。ニュージーランドの技術者には想像もつかない、壮大な工事である。しかし、ここに来るまでほとんど車を見なかったことを思うと、なぜわざわざこんなところに、と首をかしげたくなる。しかも、いま来た道はくねくねと折れ曲がっているが、通れないほどひどくはない。目下、日本は「失われた十年」にどっぷりとつかり、経済不況という泥沼にはまりこみ、いまだに抜けだせないでいる。そんな日本で資金を円滑《えんかつ》に循環させ、国内消費を増やして経済にはずみをつけるには、公共事業がいちばん手っとり早いというわけだ。そこでわたしは目の前で建設中の新道について、さっそくテツと話題にした。

テツいわく、

「十津川はこれまでずっと、日本一孤立した村だった。あまりの貧しさに、中世の大名は税金をとろうにもとれないとあきらめて、かわりに村人を軍に召しあげたほどだ。平坦な土地がほとんどないから、作物を作りようがない。でも、材木だけは山ほどあった。だから伐採して、川から海へ運んだんだ。水量が足りないときは、丸太で即席のダムをつくって水をせきとめ、わざとダムを決壊させて材木を下流へ押し流した。このあたりには、驚くような歴史があるんだぜ。第二次世界大戦が終わるまで、まともな道一本なかったんだ。おい、信じられるか」

「そうだよなあ」

たしかに周囲には、堂々たる山並みがえんえんとつづく。こんな山中にわざわざ出かけようとは、だれも思うまい。

「一九〇〇年頃、十津川は大型台風におそわれて、家も村もすべて押し流された。で、貧困にあえぎ、泣く泣く村を捨てる人があいついでさ。ちょうどその頃、北海道に入植が始まったんで、十津川の村人も大勢北海道に移住したんだ」

というテツの言葉に、わたしはピンときた。

「それって、新十津川のこと？　札幌の北にある、石狩川ぞいの？」

「えっ、うん、そうだけど」

テツが面食らった顔をしたので、説明してやった。

「いや、なに、数年前に日本を歩いて縦断したとき、通ったんだ。新十津川で、最後にはきかえた靴を買ってさ。店がたった一軒しかない町で、二六センチ以上のサイズの靴も一足しかなかったよ」

あの店のことは、いまでもよく覚えている。

「ふうん、そうなのか。移住といえば、大勢北海道に行ったけど、ブラジルに渡った人もいるんだぜ」

テツの話は、聞けば聞くほどおもしろかった。今回の旅に出る直前に一年ほど暮らしたハワイにも、ブラジルと同じように日本の移民が大勢いる。ハワイで一年暮らしてわかったのは、見た目は日本人でもまずは英語で話しかけたほうがいいということだ。日系でも二世、三世になると、日本語を話せない。だから日本語で話しかけると、なんだこいつ、と変な顔をされてしまう。

「新道ができれば、このあたりの人たちは新宮へ通勤できるようになると思うよ。短時間で通えないと、いずれ職探しのために村を捨てなきゃならない。でも新道があれば、山村で暮らしながら町へ働きに出られる」

だから公道を作るのだ、というテツの話は一応筋が通っていた。それでもわたしには、税金の無駄遣いとしか思えなかった。

橋を渡り、痛む足を引きずりながら、十一時過ぎにやっと十津川温泉に到着した。ユウジは、見るからにつらそうだ。口では何も言わないが、一刻も早く東京に戻りたい、と顔に書いてある。おりしも道路わきに、さびれた小さな温泉を見つけた。営業中で、入湯料はわずか三百円だ。窓のあちこちにクモが巣を張り、浴室のタイルがはげおち、しかも傷だらけの足には熱すぎる湯だったが、風呂には違いない。われわれは極楽気分で湯につかり、旅のあかをすべておとして、たぎるような湯にえいやっと肩までつかり、窓の向こうの湖や青々とした山々をひとしきり愛《め》でた。それにしても、他に客がいなくて助かった。もしだれかいたら、そんなこぎたない足を湯につけるな、と文句を言われたことだろう。

一風呂浴びてさっぱりしてから、われわれは道路ぞいの食堂に向かい、何回も水差しを飲みほして、女主人ににらまれながら昼食をとり、カメラマンのユウジに別れの挨拶をした。かたやテツは、「第二番札所の紀三井寺《きみいでら》に行く途中、高野山《こうやさん》に登ろうぜ」とやたらはりきっている。食事のあと、われわれは地図を取り出し、惨憺たる足の状態を考慮して、高野山にどのルートで立ち寄るか相談しはじめた。

そんなわれわれの写真をパチパチと撮り、東京へ戻るバスを今か今かと待ちながら、ユウジが言った。

「おれ、事務所に電話を入れとくわ」

ユウジは急に元気になった。東京に戻れるのが、うれしくてたまらない様子だ。いっぽうのテツは、ユウジにつづいて電話に出たかと思うと、うなだれて戻ってきた。

「うちのじいさんが死んだってさ。九十五だから、まあ、大往生《だいおうじょう》か。葬式やらなにやらで、これから名古屋に行かないと。おれもここでお別れだな」

こうして五分もたたないうちに、ユウジとテツはバスで行ってしまった。あっという間の出来事で、とうとうポールははるばるハワイから持ってきたお土産を渡しそこねた。そう、山中でテツとユウジに押しつけようとした、あのお土産だ。

「よっしゃ！　さあ、クレイグ、どうする」

こうして旅のメンバーは一気に、四人から二人へと半減した。

第二章 〈芭蕉〉誕生

——十《と》津川《つがわ》温泉から和歌山——

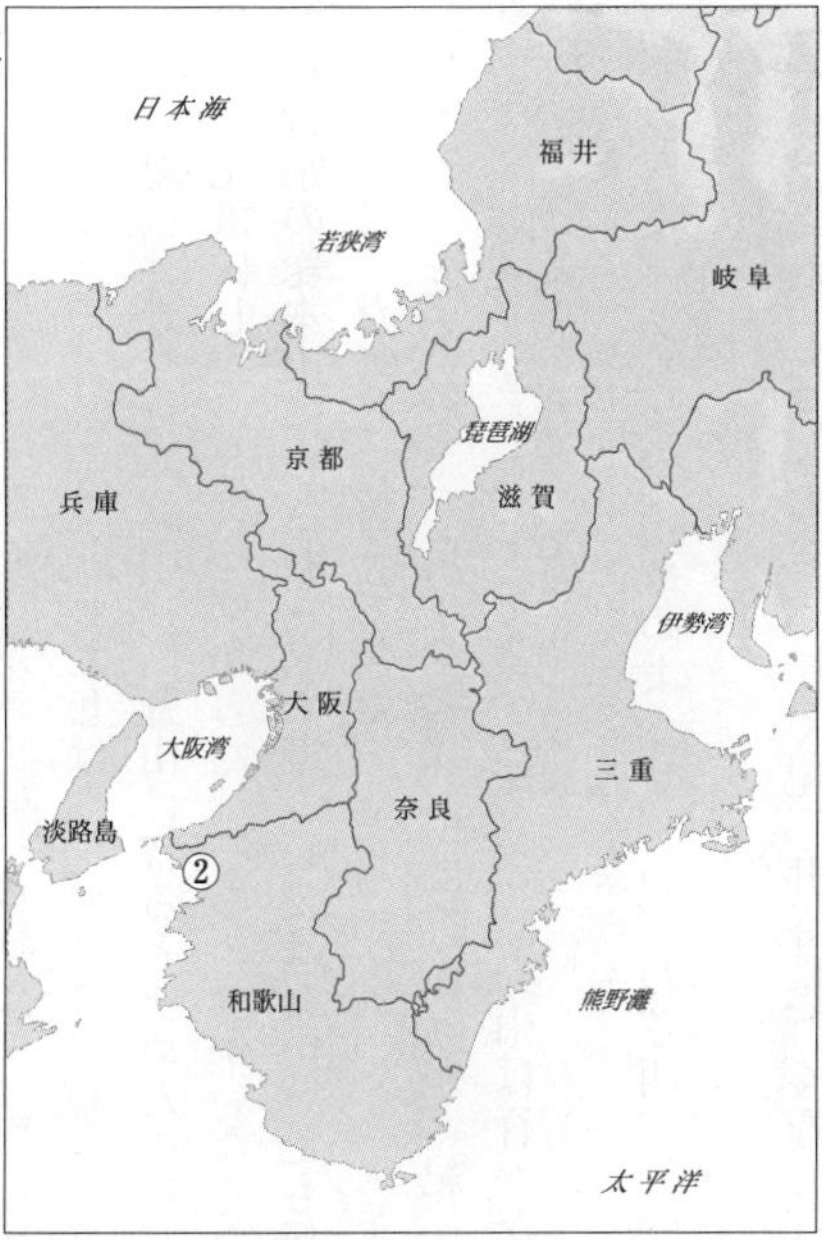

②紀三井寺《きみいでら》(金剛宝寺《こんごうほうじ》)

雲雀《ひばり》より空にやすらふ峠哉《かな》——松尾芭蕉、一六八八年

"Resting higher
than a lark in the sky
a mountain pass"

「うーん、これで事情が変わったなあ。腰を落ち着けて、ひとまず案をねりなおすか」

というこことで、ポールとわたしは食堂の外にすわりこみ、計画を立てなおすことにした。紀三井寺へ行く途中、高野山に寄ると決めたのは、テツがどうしても高野山を歩いて記事にしたいと言ったからだ。そのテツがいなくなったいま、弘法大師が開いた真言宗の総本山にわざわざ立ち寄る必要はない。足も痛む。

わたしは、ためしに言ってみた。

「じゃあ、ええっと、このまま和歌山に行こうか。紀三井寺に。そのために来たんだし。西国三十三か所を歩くためにさ。高野山は行かなくてもいいかなって思うんだけど」

「そうだな、クレイグ、やめようぜ。わざわざ四、五〇キロも、よけいに歩くことたぁない」

「そうだよな、このまままっすぐ紀三井寺に行くなら、道が違う。本宮《ほんぐう》で西に折れて、中辺路《なかへじ》ルートで港町の田辺に行かないと」

「じゃあ、本宮まで戻るか」

「ええっ、まさか。午前中かけて歩いてきたのに、すごすごと戻るなんて、おれはいやだ」

　わたしは目を皿にして、地図をしげしげとながめた。めだたないが、よく見れば、森を突き抜ける道があるではないか。

「おい、この道はどうだ？　山のど真ん中を突っきれば、三日か四日でたどり着けるぞ。店も宿も、なさそうな道だけど」

　正直に言うと、わたしもポールも極度《きょくど》のストレスで、かなりまいっていた。十津川に四人で到着し、ここからは三人で行くものと決めていたのに、あれよあれよという間に二人になり、しかも目的地も変わるという予想外の事態の連続に、ついていけなかったのだ。結局、山を突っきろうということになり、とりあえずわれわれは西川渓谷をめざして、西へ歩きだした。標識によると龍神《りゅうじん》温泉まで「あと四五キロ」だそうだが、まるまる四五キロも歩くつもりは毛頭ない。三〇キロ近く歩いたところで北に折れ、高野龍神スカイラインに入った。うまくいけば龍神温泉で、いままでの道と合流するはずだ。

　最初に通りかかった看板には、こう書いてあった――「龍神温泉まで四三キロ」

「おおっ、やったぜ、クレイグ。もう二キロも近づいた」

　ポールは有頂天《うちょうてん》になった。

ところが、である。十五分ほど歩いた先の看板を見ると──「龍神温泉まで四五キロ」

「これが長旅のハプニングってもんさ」

あぜんとして悲嘆にくれるポールに、わたしは忠告してやった。

道は川ぞいに延びており、あちこちへくねるばかりでちっとも先に進まず、足踏み状態がえんえんとつづいた。植林された杉が山肌をびっしりとおおいつくし、狭い谷の両脇にも見あげるような杉の大木がそびえている。

この谷で、二十人乗りの路線バスを見かけた。最初に追いこされたとき、バスは空っぽだった。停留所に人影はないのに、それでもバスは停車する。しばらくして同じバスが谷へ戻ってきたときも、やはり客の姿はなく、運転手さんがのんびりとわれわれに手を振ってくれた。この日の午後、十津川温泉と迫西川《せにしがわ》を往復するこのバスと、あと四回すれ違うことになるが、計六回の遭遇《そうぐう》で見かけた客はたった一人だった。

「ありゃあ、まちがいなく赤字路線だな」

時折、しんと静まりかえった村々を通り抜けた。そのひとつ、西川には、道路脇に涼しげな水をたたえたプールがあり、足を引きずりつつ通りすぎるわれわれを、二人のお母さんと三人の子どもたちがあっけにとられてながめていた。この西川で買い物をしたのだが、その店の小柄なおばあさんから聞いた話だと、この先店は一軒もないらしい。そのあと通りかかった集落は、地図にも載っていなかった。たしかに地図に載せる気がしないほど、小さな集落だ。ところがこの村で角を曲がったら、なんとスイミングプールかと思うほどの広々とした場所が現れた——ゴムシートを敷いたゲートボール場だ！　さらに進んだら、こんどはちんまりとした店が現れた。だがこれ幸いと立ち寄って、一分近く「すみません」と声をはりあげたが、だれも出てこない。しかたなく裏に回って、開け放した網戸から中をのぞきこんでみた。

「すみませんっ！」

と絶叫《ぜっきょう》するわたしの声に、こたつの向こうから、これまたちんまりとしたおばあさんが、よっこらしょっと起きあがってきた。からだを起こしても、そこにいるとは気づかないほど小柄なおばあさんだ。口を開いてくれたはいいが、何を言っているのかさっぱりわからない。とうとう会話が成立しないまま、おばあさんはまたごろんと横になってしまった。いくら声をかけても、もう起きあがる気配はない。しかたなくポールと表にもどり、二人で店内を見まわした。がらんとした店で、ソーダやジュースの缶がぎっしりつまったボロボロの段ボール箱と冷蔵庫しかない。そこで缶ジュースを数本抜きとり、代金をカウンターに置いて、店の外で一休みすることにした。

「おいポール、この村、死んでるぞ。生きてるとしても、虫の息だな」

家は七、八軒あったが、まったくと言っていいほど人の気配がしない。とそのとき、白い下着姿の男が一人、ある家からひょっこり出てきて、携帯電話で話をしながら道をぶらぶら歩きだした。なにやら、みょうに興奮した様子だ。

「へーえ、クレイグ、おっどろいた。こんな田舎でも、ケータイは使えるんだな。人里離れた山の中って場所なのによ」

十五分かそこらたった頃やっと、白い農作業用トラックが店の前でとまり、別のお客さんが現れた。酒のにおいをプンプンとまきちらす、背の低いひげ面のおじさんだ。このおじさんの言葉も、店のおばあさん同様、何が何だかさっぱりわからない。それでもとにかく、この先集落がほとんどないことだけはわかった。

午後七時をゆうにまわり、あたりが暗くなっても、われわれは相変わらず歩いていた。地図によると、小坪瀬《こつぼせ》に神社があるらしい。この神社が、今晩の宿として唯一の頼みだった。さもなくば、路肩にごろんと寝そべるかだ。しかし路肩なんかで寝たら、明け方にがら空きのバスにひかれかねない。

小坪瀬は、脇道ぞいにあった。いったいどこへ行き着くのやらと、われわれは不安にさいなまれながら、とぼとぼと進んでいった。そのとき、奇跡が起こった。われわれの目の前に、「慈悲と恵みの女神」が現れたのだ。ポールの言葉をかりれば、「生ける観音さま」である。ある角をひょいと曲がったら、「観音さま」ことキヌエさんがたまたま庭先でトマトをつんでいて、われわれに気づいてにっこり微笑《ほほえ》み、助け船を出してくれたのだ。

「どうしたの？　道に迷いなさったかね？」

「いえ、あの……神社を探しに来たんです。西国巡礼の途中で、そのう……神社を拝《おが》もうかと思いまして。地図には、この辺だとかいてあるんです」

わたしは口ごもりながら答えた。神社で一晩明かすだなんて、とんでもない不埒《ふらち》なことに思えてきて、とても言い出せない。

「ああ、はいはい、神社ね」

どうやらキヌエさんは、村の神社がいたくご自慢らしい。当の神社は木々にうもれて見えないだけで、すぐ目と鼻の先にあった。すでに日はとっぷりと暮れ、われわれは闇《やみ》のなか、キヌエさんと話をした。なんでもキヌエさんは生まれてこの方七十六年、小坪瀬を出たことがないらしい。先祖代々この狭い村で過ごし、キヌエさんで十一代目だそうだ。

「うちで食べる野菜はね、ぜーんぶうちで育ててるのよ」

つまり自給自足の毎日で、不便なことといえば、

「うちのおじいさんが病気で、十津川まで行かないとお医者さんに診てもらえないことぐらい」

だそうだ。

「そうそう、あなたたち、マムシに気をつけなさいよ。今日も庭で一匹見つけたわよ」

神社は、神殿の前が広く空いている。わたしは意を決し、おそるおそる最大の難問を切り出してみた。

「ええっと、あのう、ここにテントをはってもよろしいでしょうか」

「あら、かまわないわよ」

と言って、キヌエさんが隣の建物を指さした。

「あれはね、公民館。なんなら、公民館の水を使えるようにしてあげましょうかね」

それはありがたいと、われわれは喜んで申し出を受けることにした。キヌエさんはいったん家の中に姿を消し、公民館の鍵《かぎ》はもちろん、真っ赤に熟した大きなトマトを二つとビールを二缶持ってきた。さらに「良かったら、うちのお風呂をお使いなさいな」と、これまた親切に声をかけてくれる。しかも今晩公民館に泊まれるかどうか、

調べてあげようという。かゆいところに手が届くような気の配りように、ポールはいたく感動してからだを震わせた。

「おおっ、これぞまさに観音さまだ！」

　離れの風呂場には、キヌエさんのお孫さんのヒトシが案内してくれた。ヒトシは神戸の大学に通っていて、たまたま母親といっしょにキヌエさんの様子を見に来たらしい。

「うちのばあちゃんは、だれにでも親切なんですよ」

　あははっと笑いながら、ヒトシは説明してくれた。大柄な体格を生かして、ラグビーをやっているという。そのせいか、ラグビー王国のわがニュージーランドに、親しみを感じてくれているようだ。

　風呂には先にポールが入り、わたしはキヌエさん一家とゆっくり世間話をした。その間も、ひっきりなしに電話がかかってくる。わたしが渓谷《けいこく》の話をする間に、なんと公民館の件で七回も電話が鳴った。村長さんはトボトボと歩くわれわれガイジン二人組をすでに目撃しており、公民館を使ってもいいと許可してくれた——「いいよ、火さえ出さなければ」。地元のおまわりさんも目撃しており、公民館を使ってもいいと許してくれた——「ただし、火だけは出さないように」。例のバス運転手が一回どころか六回も目撃したのは、言うまでもない。

こうしてキヌエさん宅に電話してきた村長やおまわりさん、そしてキヌエさんから電話を受けた村人たちもこぞって、われわれガイジン二人組を目撃し、公民館に泊まってもいいと言ってくれた――「いいよ、火さえ出さなければ」。

ところで、ポールはどうしたのだろう。ずいぶんと長風呂だ。気になって、わたしは様子を見に行った。

「おまえ、何してんだよ。早く出てくれ。おれだって入りたいんだ」

「はあ？　おまえは別の風呂に入ってるのかと思ってた」

「バカ言え。日本の家には、風呂が一つしかないんだよ。ホノルルじゃないんだから」

「はいはい、わかりましたよ。すぐに出るって」

こうしてポールは汗を流し、上機嫌で風呂から上がってきた。こんどはポールがビールとおつまみにありつき、わたしが一風呂浴びてさっぱりする番だ。ところがだ。

肝心の湯が、一滴も残っていない！

お、おまえ、いったい何をした、とあわてふためいて英語で詰問《きつもん》するわたしに、ポールは涼しい顔でのたもうた。

「出るとき、湯を抜いてきたよ」

「……バカか……おまえっ！」

おれも、この家の皆さんも、みんなで同じ湯を使うんだ。……まったく、もう！湯を抜いただと！

こんだけ大きい風呂なんだから、もう一度わかすのに二十分はかかるぞ！　蛇口をひねれば湯が出る、ってわけにはいかないんだっ！」

巡礼に出る前に、日本の風呂についてポールに教えておくんだった――わたしは臍《ほぞ》をかんだが、あとの祭りだ。仕方なく、わたしはシャワーで済ませておいた。

「ちくしょう、ポール、これは貸しにしとくからな」

「ごめんよ、ごめん、悪かった。なにせおれ、日本について、勉強中の身だからさあ」

大迷惑をかけたというのに、キヌエさん一家は相変わらず親切だった。とくに「生ける観音さま」第一号のキヌエさんは、まさに人間離れした慈悲深さを見せてくれ、公民館へ引きあげるわれわれに、おにぎりとトマトとカシューナッツとビールを持たせてくれた。さらに公民館では、二十畳もの和室を独占できた。当然ながらわたしもポールも、ぜったいに火を出すことのないよう、細心の注意をはらった。

キヌエさんは翌朝七時、わざわざ見送りに来てくれた。そして笑顔を浮かべつつ、渓谷の現状について、憤懣《ふんまん》やるかたない胸の内を明かしてくれた。

「うちのひいおじいさんがいまの谷を見たら、仰天して腰を抜かすでしょうよ。昔の森は、すっかりなくなっちまったから。木という木をぜんぶ切り倒して、杉を植えたんですよ。で、森に住んでいた生き物たちの棲《す》み家《か》を奪《うば》ってしまった。最近じゃあ、民家の庭先から食べ物をかすめとるからって、野生のブタやシカや、クマやサルやタヌキが殺されるようになったけど、そんなのおかしいわよ。人間が勝手に棲み家を奪っといて、ねえ」

キヌエさんの不満は、さらにつづいた。

「人間が変えたといえば、天気もそう。あたしが子どもの頃は、冬になると村に雪がひざまで積もったものよ。それがどうでしょ。いまじゃ雪なんて、めったに降りゃしない。それに、酸性雨ですって！　昔は雨水を飲んだものよ。人間はね、自分で自分の首をしめてるの。

うちの庭はね、もとは田んぼだったの。神社までずーっと、田んぼだった。でも最近じゃあ田んぼを耕《たがや》す人手がないし、お米を作ったところで売る相手もいないしね。自分で食べる分だけ、作ることにしてるのよ。昔は土地さえあれば食べていけたのに、いまじゃあ土地なんて何の意味もなくなっちまった。

あたしが子どもの頃はねえ、日本人の平均寿命は五十歳だった。でもあたしが大人になったら、八十歳にまで跳ねあがった。日本は世界一の長寿国だってみんな自慢するけれど、あたしはね、また五十歳に戻るんじゃないかって思うのよ。だって、大人は働きすぎて突然過労死するでしょ。子どもは子どもで友だちや先生を殺すし、テレビのニュースは殺人やら犯罪やら暗い事件ばかりだし――。日本の将来は、期待できそうにないわねえ」

足を引きずりながら出発するわれわれに、キヌエさんは手を振ってくれた。キヌエさんは、正真正銘《しょうしんしょうめい》の「生ける観音さま」だ。微力ながらわれわれも、キヌエさんの役に立てた気がする。胸のうちにくすぶる不満を、ぜんぶ聞いてあげたのだから。キヌエさんはたまりにたまった不満を、だれかに打ちあけたかったのではないだろうか。それを歩き巡礼のわれわれが聞いてあげることで、すこしはお返しができた――そんな思いが、ふっと頭をかすめた。

＊

川にそって曲がりくねる道を進むうちに、だんだん谷が狭くなってきた。やがて川と決別し、われわれは高い山々と牛廻《うしまわし》峠をめざして左に折れ、急な坂道を登りはじめた。この峠は、何が何でもこえなくてはならない。小坪瀬からゆうに二時間歩いてやっと、山間にある標高七〇〇メートルの迫西川に到着した。途中、目にしたものといえば、道と森と川ばかりだ。あまりのさびれぶりに、ポールはひたすら目を丸くする。ポールにとって日本といえば、東京の満員電車のイメージしかなかったのだ。

とにかく、暑い。夏の盛りで、ものすごい湿気だ。失った水分をすぐに補給しないと、まいってしまう。

迫西川には、自動販売機が一台と、バス停が一つと、民家が二十軒ほどあるだけだった。七月末の土曜の朝、人の気配はまるでない。ゴーストタウンと言っても、おかしくないほどだ。自動販売機のそばで十五分ほど休んだが、住人はただの一人も見かけなかった。重い足取りで先に進んだわれわれは、道路のど真ん中でぺしゃんこにつぶれた一匹のヘビを見つけた。

「こんなところで車にひかれるなんて、このヘビ、ほんとうについてないよな」

車など、ほんとうに通るのだろうか。

ところが十五分後、ほんとうに車が通った。われわれの背後から二台、前から一台、突如《とつじょ》車が現れて、すれちがえそうにない狭い道で鉢合《はちあ》わせしてしまったのだ。

「うわあ！　交通渋滞だ！」

牛廻峠で

ポールが驚いて声をあげた。ようやく二台の車が走り去り、三台目の車がわれわれの脇ですーっととまった。だれかと思えば、キヌエさんの孫で昨晩いっしょに酒盛りをした、あのラグビー選手のヒトシではないか。われわれが出発したとき、ヒトシはまだぐうすか寝ていたので、ポールはハワイアンのCD（テツのために持ってきた、例のCDだ）を土産に置いてきた。そのCDを聴きながら、ヒトシはクーラーのきいた車に乗って、わずか二十分で追いついたらしい。こっちはうだるような暑さのなか、二時間半も歩いたのにだ！　ヒトシが飲み物を持ってきてくれたので、頭上で旋回するワシをおがみながら、日陰で一休みした。

さらに進み、峠まであと一歩というところで、われわれはうまい具合に会いたかった人と巡りあえた。作業着に足袋《たび》姿、首の回りにタオルを巻いたおじさんが、トラックの荷台をそうじしていたのだ。森で働くおじさんは、真っ黒に日焼けした顔に白い歯をむき出してニッと笑い、こちらの予想どおり「林道」があるとうなずいてくれた。そのうえ林道の場所も、林道の行き着く先も知っていた。まちがいない、信頼してよさそうだ。いったん林道に入ったらだれにも会わないだろうから、事前に確認できたのはほんとうにありがたい。

午後六時四十五分、高野龍神スカイラインのスカイタワーに到着した。高い見晴台と売店の脇から、林道が延びている。真夏の夕暮れどきだけに、見晴台も売店も閉まっている。しかも、戸締まりは万全だ。以前、旅の途上で通りかかった観光スポットには、自動販売機がずらりと並んでいたが、うら寂しいスカイタワーには見晴台以外、もののみごとに何もない。販売機はしっかりと鍵のかかった売店の中に、しまいこまれているわけだ。残るは、公衆トイレとホースのみ――。このホースをシャワー代わりにして水を浴び、「かぐわしき」服を洗わせてもらった。夕焼けの眺望《ちょうぼう》は、文句なしにすばらしい。だがわたしもポールも、ゆっくりと景色を愛《め》でる余裕がなかった。二〇メートル先のトイレに行くのもつらいほど、身も心も疲れきっていたからだ。

その晩、わたしはテントのシートにくるまり、売店の前の地面で眠ったのだが、寒くてまいった。雲が強風にあおられ、スカイラインとタワーのある尾根を通りすぎ、時折ヘッドライトが闇をつんざいて、夜の観光客の到来《とうらい》を告げる。ポールは足の痛みにたえかねて、一晩中ウウーッとうめきつづけ、わたしもほとんど眠れなかった。

＊

巡礼四日目の朝は、快調に幕を開けた――かに思われた。しかしいざ歩こうとした瞬間、「快調」という言葉はどこかに吹っ飛んだ。つらいのはポールも同じで、この先ポールは毎日のように時間をかけて、出立前にじっくりと足の手入れをするようになる。この日もわたしのポケットナイフとクリームと絆創膏を手に、ポールはうんざりするほど時間をかけて足を手当てした。おかげで六時半に起きたのに、出発したのは八時になってからだった。

その間にも見晴台には次々と車が到着し、眺望に負けず劣らずわれわれも、観光客からじろじろとながめられた。家族連れや若いカップル、くわえタバコのおじさん軍団もいる。それこそありとあらゆる観光客が、ひきもきらずにやって来た。

やっと支度を終えてスカイラインを歩きだしたはいいが、こんどはサーキットを歩かされているような気分を味わわされた。オートバイが猛スピードですっ飛ばし、地面すれすれまでバイクを倒して角を曲がっていく。たしかに整備された広い有料道路は、オートレースにもってこいだった。飛ばすといえば、車も負けていない。角を急カーブで曲がるので、歩き巡礼のわれわれは一度ならず二度三度と殺されかけ、一刻も早くスカイラインから降りなければヤバイ、と必死《ひっし》の形相《ぎょうそう》になった。

そのとき、ふと道路脇に目をやって、わたしはあることに気づいた。尾根から西へ、笹ノ茶屋峠へと、地図にはない道が延びているではないか。方向は、あっているようだ。きっと今日の目的地である清水町へ、延びているはず——。いざ行ってみたら、この脇道も昨日の林道と同じように未舗装の道だった。二時間歩いて湯川に到着するまで、すれちがったのはたった一人だけだ。

二時間ほど山を下りたとはいえ、湯川渓谷まではまだかなり距離がある。わたしとポールでは歩くスピードにかなり差があるが、これぱかりはしかたない。足の速いわたしは三十分ほど歩くたびに十分か十五分か一休みして、ポールが追いつくのを待たなければならない。今回の道中は、このくりかえしだった。わたしに言わせれば「こんなにトロイ旅はない」というこどになるが、ポールにしてみれば「こんなにキツイ旅はない」わけで、わたしは先が思いやられた。まあ、たしかに、西国巡礼の第一番札所と第二番札所は、かなりきつい行程だ。海岸ぞいを歩いたとしても、五日か六日はかかる。四国のお遍路とは大違いだ。四国を歩いたときは初日だけで、八十八か所の札所のうち九か所をゆうに回れた。早くも忍耐力を試されつつ、われわれガイジン歩き巡礼は汗だくになりながら、熊野から和歌山へ向かった。

上湯川《かみゆがわ》で見つけた一軒きりの小さな店では、五分ほど犬にギャンギャンわめかれ、「すみませんっ!」としきりに絶叫し、さらに派手に音を立てまくってようやく、店の人を呼びだすことができた。しかもえんえんと待たされたあげく、アイスクリームの代金を受けとりに出てきたおばさんは、なんでいちいち呼びだすのよ、とでも言わんばかりに仏頂面《ぶっちょうづら》だった。

「なあクレイグ、この店じゃ、カウンターに客が勝手に金を置いてくのかな」

「店ってのは、物を売るためにあるんだろ。この村では、あんまり売ろうって気がないみたいだな。いらっしゃい、という挨拶《あいさつ》一つない」

「いや、おれたちだからかもよ。おまえのにおいをかぎつけて、なんだこりゃあ、とあわてて隠れたのかも。だってさ、おまえ、ものすごーくくさいんだぜ」

「うるさいっ！」

　このあともわれわれはひきつづき山を下り、渓谷に出て西へ向かった。青々とした田んぼ、荒れた空き地、いまにもくずれそうな家々が、次々と現れる。

　途中立ち寄った店で話をしたおばあさんは、「来る日も来る日も、ただ息をしてるだけなのよ」と言い切った。なんでもおばあさんのお父さんは八十年前に長男を三歳で亡くし、ショックのあまり四国を巡礼したあげく、七人の子どもに恵まれたのだが、いまはおばあさん一人しか残っていないらしい。そのおばあさんも、「お迎え」が来るのをひたすら待ちわびる毎日だそうで、がんばってねとソーダを一本おまけしてくれた。

　他にもこの日は、「生きた」英会話の勉強に燃えるやせこけた青年から声をかけられた。青年のお父さんが渓谷でわれわれを見かけ、そっちへ向かったぞと青年に知らせたそうだ。オーストラリアで一年暮らしたというだけあって、流暢《りゅうちょう》な英語をあやつる青年だったが、帰国後は仕事が見つからないらしい。テツとユウジが帰って以来、英語でまともに話ができる相手が現れたとあって（――わたしはいったいなんなのだ？）ポールは待ってましたとばかりに足をとめ、嬉々《きき》として話をした。

午後三時、清水に到着した。気温は三十八度だが、もっと暑いように感じる。清水はちょうど二本の川と渓谷がY字形に交差する地点に位置し、われわれは向かって右手の道から町に入った。例によって例のごとく、わたしが先に到着したので、コカコーラの一・五リットル入りペットボトルを買い求め、路肩でポールを待つことにした。しかし待てど暮らせど、ポールはいっこうにやってこない。ようやく到着したのは、四十分もたってからだった。のろのろ、ふらふら、足元がおぼつかない。見ているこっちは、気がおかしくなりそうだ。ポールの菅笠と白衣を見つけてから、本体のポールがわたしの元にたどり着くまで、なんと十分もかかった！　それにしても、なぜこんなに遅れたのか。

「ふう、クレイグ、必死で歩いてたら、古い家の外で蛇口を見つけてさ。井戸っていうのかな。ちょうどおばさんが出てきたから、あの水飲めますかって身振り手振りで聞いたらさ、最初はだめって首を振ったんだ。でも、白衣とバックパックの文字を読んだら、急に家に上げてくれて、冷たいお茶を一杯ごちそうしてくれてさ、おまけに水筒に水まで入れてくれたんだぜ。夢みたいだ！　ああっ、なんと優しい女神さま！　もっとゆっくりしてきなさいよってさんざん引きとめられたけど、これでも早く切り上げたんだ。おまえが待ってると思ってさあ」

などとポールがほざくので、わたしはむっとして、どなりつけた。

「待ったに決まってるだろ！　待ってばっかりだ、おれは！」

清水はいままで見たなかでいちばん大きな町だが、町と呼ぶのは気が引けるような場所だった。それでも町だけあって温泉があり、店や食堂もある。当然ながらわたしもポールも、温泉に引きよせられた。われわれが通ってきた道とは反対側にある、川の斜面にせりだした温泉だ。わたしもポールも熱い湯につかってすっかり生きかえったが、ポールはよほど足が気になるのか、隠そうとしてばかりいる。まあ、たしかにあの足を見たら、客という客が泡を食って逃げだすだろう。結局この温泉で、一時間半ほどゆっくり骨休めをさせてもらった。

温泉のすぐ隣にちんまりとした食堂があったので、これ幸いとわたしもポールも飛びこんだ。水差しを空っぽにしたら、店のおばさんがビールのジョッキに水をたっぷり入れてきてくれた。

やっと清水に到着したポール

これで、一風呂浴びた。腹ごしらえも、すませた。次なる目標は、買い物だ。靴下を、買い替えなければならない。いまはいている靴下は、見るも無残な有り様だった。汗や泥で汚れたうえ、ポールの靴下にいたっては、足から染み出た液体でぐちょぐちょで、とても見られたものではない。しかしようやく見つけた店には、指の離れた軍足しかなかった。それでもいまよりはましだと、すぐに買い求めた。

そのあとわれわれは、二つの川の合流地点にあるコンクリートの階段に腰を下ろした。時刻は夜七時――。だんだん暗くなってきた。風呂を浴び、夕食も食べたが、寝る場所はこれからだ。ここで寝るという手もあるが、まだ宵《よい》の口だし、空模様もあやしい。ついさっき通りすぎた学校で一晩過ごしてもいいし、先に進んでどこか見つけてもいいが、これ以上歩くのはいやだとポールが駄々《だだ》をこねた。とりあえずポールが橋を渡って、缶ジュースを買いに行くことになった。戻ってきて話を聞いたところだと、地元の人から何か聞かれたが、日本語が通じないのでわからなかったらしい。

その人たちには、わたしのほうが先に気づいていた。白いランニングシャツ姿の四人組が、川の向こうでタバコを吸いながら、われわれをうさんくさそうにじろじろとながめている。スパスパと煙をはきながら、仲間内でひそひそ話をしたかと思うと、やがて一人が携帯電話で話し出したのを見て、わたしはポールに声をかけた。

「おっと、まずいな。移動したほうがよさそうだ」

「ええっ。歩くのは勘弁してくれ！　頼む、このとおり。おれは、イヤだ！」

「でもさ、ポール、これじゃあアヒル小屋にアホウドリが二匹いるようなもんだ。めだつのなんの。日本って国は、大昔からそうなんだよ。よそ者は、とかく目をつけられる。とくにこういう田舎町は、よそ者を目ざとく見つけるんだ。小坪瀬でも、そうだっただろ。村中みんな、渓谷を歩くガイジンのおれたちに気づいていたし、直接見なくてもだれかから連絡が入る。おい、あの電話中の人を見ろよ。きっと警察に、おれたちのことを知らせてるんだ。おれたちはなんにもしてないけど、よそ者がいるってだけで不安なんだな」

「そんな、クレイグ、どうして不安がるんだよ」

「不安がらなくていいことは、おまえもおれもわかってる。それでも、あちらさんは心配になるんだ。根っからの心配性だからな。おれたちがここにいるだけで、心配で不安でたまらないんだ。だから、さっさと立ち去ったほうがいい。おれたちがいなくなれば、心配の種もなくなるんだから。ポール、いまはおれを信じてくれ。すぐに警官がかけつけてくるから、な」

われわれは重い腰を上げ、バックパックをかついで橋を渡り、和歌山をめざして西へ向かった。ううっ、とポールがうめく。あんのじょう、例の四人組は見るからにほっとしたようすだ。だんだん暗くなるなか、われわれはここに来るまでの山道よりも広い道路をとぼとぼと歩きだした。そのとき、例によってポールのはるか先を行くわたしを、呼びとめる声がした。

「どうも、こんばんは！　あのう、ちょっとこちらへ、来ていただけませんか」

「はあ？」

「さあさあ、どうぞこちらへ」

右手の建物から声がしたかと思うと、チカチカと電灯が点滅し、灯《とも》ったところで場所がわかった。地元の交番だ。入り口に、背の高いおまわりさんがいる。

「こんばんは」

わたしも挨拶をして、言われたとおり交番に入った。どうやら、無人の交番だったようだ。サウナのように蒸し暑く、電灯には虫が群がり、入り口には虫の死骸《しがい》が山をなしている。このわたしよりも背の高いおまわりさんは、額《ひたい》の汗をしきりにぬぐっている。たったいま、来たらしい。さあ、どう対処するか。「日本語をまったく話せないガイジンのふりをする」という手もあるが、今回はやめたほうがよさそうだ。そもそも、やましいことなど一つもないのだから、びくつくこともない。ただ、たまたまこの町を通りかかったから、目をつけられただけのことだ。

「おすわりください」

おまわりさんは、机の前の椅子を指した。

「あのう、もう一人、連れがもうすぐ来るんです。待ったほうがいいと思うんですが……」

歩きはじめてまだ五分だが、わたしのほうがポールをゆうに追いこしていた。おまわりさんと天気についてとりとめのない話をだらだらとするうちに、やっと重い足音が聞こえてきた。

「ポール、ここだ、ここ。交番のなかだ」

わたしはポールに、英語で呼びかけた。明るい照明に目をぱちくりさせながら入ってきたポールも机の前にすわらせて、おまわりさんはみょうに生ぬるい「冷茶」を二缶用意し、殺虫スプレーで派手に虫を退治してから、もじもじと決まり悪そうに事情聴取を始めた。

「あのう……いや、その……お二方が何も悪いことをしていないのは、わかってます、はい。でも、いちおうお話をうかがえたらと思いまして。ええっと、あのう、ここでいったい何をなさっているんですか」

と言われても、わたしはまったく動じなかった。ポールが遅れたおかげで、完璧《かんぺき》な答えを考える余裕があったからだ。さっそくわたしは財布から「パスポート」を取り出した。そう、青岸渡寺のタカギさんの名刺だ。裏には「このガイジンさんは巡礼さんです、どうか助けてあげてください」と、各寺に向けてメッセージが書いてある。このパスポートを、わたしは大きな手をしたおまわりさんに、堂々と差し出した。

「西国巡礼で、三十三か所の札所を回る途中なんです。ここにいるポールは世界各地の巡礼を研究するハワイ大学の教授で、わたしは物書きです。ポールは巡礼について論文を書くためにリサーチ中で、わたしは今回の旅をもとに執筆することになっています」

多少誇張《こちょう》してはいるが、なかなか立派な答えではないか。

「その名刺をご覧になればおわかりになると思いますが、青岸渡寺の住職さんも応援してくださっているんですよ」

おおっ、すばらしい、完璧だ！　あんまり立派なので、自分で言っておきながら感動し、思わず声が震えた。おまわりさんも感極《かんきわ》まったとみえ、声が出ないのか、しばらく無言だった。

「そうなんですか。で、今晩はどちらに？」

「和歌山まで歩いていきます」

「ええっ、今晩中に？」

「いや、そのう、行かれるところまで行ってみようかと思いまして。県道一九号を進むつもりなんですが、あそこはどんな道なんですか」

こんどはわたしが質問する番だ。一方的に質問されるよりはいい。狭い交番はいまやサウナと化し、さらに殺虫スプレーがもうもうと立ちこめ、わたしもポールも汗だくになりながら、同じく汗だくのおまわりさんのアドバイスを拝聴《はいちょう》した。

最後におまわりさんが、頭を下げてくれた。

「呼びとめたりして、ほんと、すみませんでしたねえ。町の人から連絡を受けたもので。お二人を川岸で見て、心配になったって言うもんですから。でも、来ていただけて助かりました。ちょうど様子を見にいこうと思ってたところなんですよ。このあたりじゃあ、ガイジンさんなんてめったに見かけないんで」

「そうでしょうね。気にしないでください」

おまわりさんは暗闇へ去っていくわれわれを見送り、がんばってくださいと励ましてくれた。

歩きだしたとたん、ポールが口を開いた。

「いやあ、クレイグ、助かった。驚いたぜ。おまえの言ったとおりじゃねえか。さっきはどうしても川岸で寝たかったけど、そうしなくてほんとよかったよ」

そこでわたしは、日本についてポールに説明してやった。

「あのおまわりさんも言ってたとおり、こんな田舎町じゃガイジンなんてめったに見ないんだ。ガイジンっていうと、麻薬取引や犯罪組織と関係があるのか、殺し合いでもするのかってイメージなんだな。テレビの影響も、無視できない。アメリカのテレビ番組に出てくるガイジンは、なにかというとバカスカ撃ったり、殺したりするだろ。だからガイジンを見ると、静かでおだやかな村の暮らしが、かき乱されるんじゃないかって、つい心配になるんだろうよ」

「ふーん、そう言われりゃ、なるほどねえ」

すでに時刻は、夜の八時をとうに過ぎていた。五分おきに闇をつんざく稲妻をのぞけば、あたりは真っ暗だ。雨はまだだが、盛大に光る稲妻にびくつきながら、わたしとポールは黙々と歩きつづけた。数キロ先の集落では、路肩でパーティーを開く六人組と出くわした。うわっ、白衣姿の巡礼さんだ、しかもガイジンだぞ、と最初は仰天されたが、すぐにどうぞとまねかれたので、わたしは質問攻めにあう前に、何をしているのかと先に聞くことにした。

すると、五十がらみのおじさんが稲妻を指して答えた。

「いやね、稲妻ショーでも見物しようかと思ってさ。家の中は暑くて、たまんねえしよ」

話をしている間に、別のおじさんがふらっと姿を消したかと思うと、ビールを二缶持ってきて、われわれにぬっと差しだした。ぼくたち、じつは西国巡礼の途中でして――と、二十分前に交番で説明したのとまったく同じ話をまたくりかえすと、みんな口々にガイジンを見るのは初めてだと言った。

「しかも白衣姿で歩き巡礼のガイジンさんとは、こりゃあたまげた、驚いた！」

「そうでしょうね。清水のおまわりさんも、驚いてましたから」

ついでにおまわりさんの話をしたら、けっこう受けてみんな大笑いしてくれた。一行のなかに二人いた五十歳ぐらいのおばさんたちにいたっては、ポールが独身とわかるや、がぜん目を輝かせて身を乗りだした。

「あらまあ、いっそのこと、ハワイに連れてってもらおうかしらねえ」

ヒロミさんというおばさんの言葉に、みんなどっとわく。

「いやあ、こんなに若くて素敵な女性は、ぼくにはもったいないですよ！」

すかさずポールが答えたので、わたしが通訳してやったら、これまたおおいに盛り上がった。

その間にも、稲妻と雷鳴が激しくなってくる。わたしは心配になってきて、一雨きますかね、と聞いてみた。

「あら、だいじょうぶよ。見て見て、星が見えるでしょ。星が見えるときはね、雨は降らないの。わかった？」

＊

ところが、である。十五分ほど歩いて、三田という集落についたとたん、ぱらぱらと雨が降ってきた。

「ふん、地元の天気予報なんて、こんなモンかよ！」

運よく道路脇で、だだっぴろい広場を見つけた。暗いからよくわからないが、町の野球グラウンドというところか。コンクリートの建物は、さしずめ脱衣場とダッグアウトだろう。だんだん強くなってくる雨を避けるには、またとない場所だ。さっそくポールとわたしはかけこんで、コンクリートの床にマットを敷き、安らかな眠りについた。

＊

しかしその眠りは、早朝の五時半に早くも破られてしまった。枕もとで砂利を踏む足音がしたので、なんだろうと顔をあげたら、髪を短く刈りあげた見るからに体格のいい男が、くわえタバコでわたしをじっと見下ろしていたのだ。その脇には、白い下着姿の貧相なはげた男が、ちょこんと控えている。

先に口を開いたのは、がっしりとした男のほうだった。

「ああ、こいつら、ここで寝てるだけだ。心配ない。行こうぜ」

と相棒に声をかけ、さっさと立ち去ろうとする。

「なあ、おれの言ったとおりだろ。昨日の晩、たしかにここで、明かりを見たんだ！　ほらな、言ったとおりだったただろ」

貧相な男は、相棒に目撃証言を疑われたのがよほどくやしかったのか、これみよがしに胸をはった。

そして二人は、わたしが声をかける間もなく、そそくさと立ち去った。

この一件に関して、ポールはかすれ声で感想を述べた。

「嘘だろ！　信じられん！　この国じゃあガイジンは、どこに行ってもじゃま者《もの》扱いされるのかよ。痛くもない腹を探られるのか、えっ？」

「おおっ、ポールくん、やっとわかってくれたようだねえ」

その後も一時間ほど、うとうとまどろんだのだが、ちっちゃなカエルが一匹、頭の周りでやたらと跳《は》ねまわるのにはまいった。いくらうるさくても、とっ捕まえてひねりつぶす気にはなれない。結局ポールもわたしも疲れがとれないまま、むっつりと押し黙って、六時四十五分に出発した。二番札所の紀三井寺《きみいでら》は、そう遠くない。早朝に出れば、日が暮れるまでにはたどり着けるだろう。

しかし早々に出発したはいいが、ポールは「とっとと歩け！」と蹴《け》りつけてやりたくなるほど、のろかった。そこでわたしは、その昔日本を歩いて縦断したときにあみだした「ギアチェンジ」なるテクニックを伝授してやることにした。

「いいか、歩くとき、身を乗りだすのがコツだ。どんなに足が痛くても、意識してからだを前に出すんだ。前に出した足に体重をぐっとかけて、からだをぐっと前に乗りだして、足によりかかればいい。重力を利用しろ。こんなペースじゃあ、紀三井寺までゆうに二日はかかるぞ。もっと早く、さっさと行こうぜ！」

そのあともポールはしばらくノロノロ歩きをつづけたが、右に曲がって山中に向かう県道一九号に入った頃には調子をとりもどし、やっと同じペースで歩けるようになった。

午前十時半、次の谷の幹線道路と交差したところで、車で通りかかったおじさんが「よくがんばったね」とごほうびにソーダを二缶恵んでくれたが、ポールは息も絶え絶えでそれどころではなかった。あとはもう、海をめざして向かうだけだ。紀三井寺まで、山はない。だから安心しろ、楽勝だぞとわたしはポールを励《はげ》ました。

昼食を食べた食堂のおじさんは、ここのところ四日連続で夜中の三時まで全英オープンゴルフを観戦し、タイガー・ウッズのにわかファンになっていた。毎晩、午後八時に店を閉めてから、テレビの前にでんと陣取って、衛星放送の生中継で試合を追い、タイガー・ウッズが全英オープンで優勝して、今年獲得することになる三大メジャータイトルの一つをみごと手にする瞬間を、リアルタイムで確かめたそうだ。おじさんは興奮ぎみに、カウンターの向こうでウッズのスイングまで真似してくれた。さらにおじさんは、われわれが歩き巡礼だと打ちあけると、いたく感動して目を見ひらいた。

「ええっ、歩き巡礼？　てくてくと、歩いてるのかい？　そりゃあ、いい。血圧が下がる。ストレス解消に、もってこいだ。からだにいいぞ、うん！」

「でも、足にはよくないんですよ。今日なんて、三十七度だ。暑いなんてもんじゃない！」

とポールは不満たらたらだったが、そのわりにははしゃいでいた。これには、わけがある。巡礼五日目にして、ポールはやっと「大」を排出できたのである！　それにしても、よく五日間も後生大事にためていたものだ。あれだけ食べておきながら何も出ないなんて、さぞつらかっただろう。おかげでポールは、見るからにすっきりとした顔をしていた。

われわれガイジン歩き巡礼の修行ぶりを、食堂のおじさんはほめちぎってくれたが、食堂の隅で食事中のお坊さんたちは、なぜか知らんぷりを決めこんでいた。むっつりと押し黙って食べ物を口に運び、挨拶しても完璧に無視し、あげくにぷいっと店を出て行く。感じ悪いこと、このうえない。

このあとわれわれは食堂のおじさんから近道を教わって、これまででいちばん車の往来の激しい通りを歩き出した。

午後三時四十分、わたしはまたしても問題をかかえるはめになった。またもポールが遅れに遅れ、いっこうにやって来ないのだ。とりあえずコンクリート塀にすわって待ったが、五分たっても、十分たっても、姿が見えない。のろのろと亀のような歩みで近づくポールが見えたのは、なんと十五分もたってからだった。一目でポールだとわかったのは、菅笠のおかげだ。それにしてもいちいち待たなければならないのは、しゃくだった。ペースを乱されて、迷惑千万《めいわくせんばん》だ。

ポールがやっと追いついたところで、わたしはこう切り出した。

「なあ、おれたち、寺に五時までに着かなきゃ困るんだ。五時を過ぎたら、納経所が閉まっちまう。もし間にあえば、寝る場所を見つけて、明日も順調に出発できる。でも間にあわなかったら、たとえ十分遅れただけでも、動きがとれなくなるんだぜ。納経帳に朱印をもらうため、明日の朝八時まで寺の前でずーっと待つか、他の場所で一晩明かして翌朝戻るしかない。これってさ、かなりきついんだよ。とくに寺が、山中にあるときは最悪だ。おれ、四国でどえらい目にあったから、よーくわかる。だから、何が何でも五時までに着かなきゃ困るんだよ」

結果から言うと、われわれは五時すれすれにかけこむことができた。例によって例のごとくポールが遅れたため、わたしは一足先に線路を渡った。つい五日前、青岸渡寺へ向かうために乗った電車の線路だ。そして一人でずんずんと、**紀三井寺**（紀三井山金剛宝寺）に通じる丘のふもとの小道を進んだ。途中、工事現場を警備中のガードマンを見かけたので、一言たのんでおいた。

「あのう、あとからもう一人、ガイジンが来るんです。ぼくと同じような格好をした奴ですが、日本語がまったく話せません。そいつに、寺はあっちだと教えてやってくれませんか。紀三井寺はあっちだってね」

おう、いいよ、とガードマンは笑顔でうなずいてくれた。わたしはとにかく先を急ぎ、四時四十分には寺の石段の下にすわっていた。さあ、どうするか。納経所までひとっ走りして、納経帳に朱印を押してもらい、ポールが到着するまで待ってくれと説得するか。それともポールを探しに戻り、納経帳をひったくって、納経所にかけつけ、二人分の納経帳に朱印をもらうか。しかしいくら時間がないとはいえ、いまさら走って戻る気分にはなれない。あとはポール次第だ。とにかく急いでもらうしかない。

いらいらしながら待つわたしの目に、ついに角を曲がったポールの姿が飛びこんできた。時刻は、四時五十分――。まだ、油断は禁物だ。あと十分で、ひとつづきの石段を五つも上って、納経所にすべりこまなければならない。早くしろ、早く早く、とわたしはポールをせっついた。狭くてきつい階段だったが、ぎりぎりセーフでなんとか間にあい、四時五十八分に納経所にたどり着くことができた。すでに片方の窓は閉まっていたが、もう片方は開いている。やった、よかった、間にあった！

この納経所のはげたお坊さんが窓を閉めて帰る前に、わたしはできるだけ情報を得ようとねばりにねばった。しかし、われわれが青岸渡寺から五日間かけて歩いてきたといっても、お坊さんは眉《まゆ》一つ動かさない。そこで、ええいこれを見よとばかりに、最後の切り札であるタカギさんの名刺を突き出した。だが、清水のおまわりさんには絶大の効果をほこった名刺も、このお坊さんにはただの紙切れでしかなかった。

わたしは泣きつかんばかりにして、早くも窓を閉めにかかったお坊さんに質問した。

「あのう、温泉は？　このあたりに、ありませんか」

「ユートピアがある。県道一三五号」

それだけわかれば、十分だ。ユートピア＝理想郷というぐらいだから、きっと快適な場所にちがいない。わたしはベンチに腰かけて、眼下の和歌浦《わかのうら》湾を見渡した。右手には和歌山市が、左手には海南《かいなん》市が見える。いま、われわれがいるのは、寺と同じ紀三井寺という名の、山中の町だった。ちょうど五時をまわったところで、朱印を無事にもらえたから、とくに急ぐこともない。ポールはぶらぶらと本堂を見学し、観音さまにお礼を言い、どうか我が足に慈悲とお恵みをお与えくださいと祈願し、お地蔵さまにも五時前に着けたことを感謝した。さらに「大学の教授」にふさわしく、あちこち写真におさめてまわった。

長い石段のいちばん上に立ち、いざ下りようとするときに、ポールはぼそりと感想をもらした。

「お年寄りが毎日どれだけ苦労しているか、おれ、身にしみてわかったよ」

折しも階段の途中に、お年寄りがいた。左半身が麻痺《まひ》していて、一段一段苦しそうに上ってくる。足が痛いのはポールもわたしも同じだが、ポールはよほど痛むのか、階段を上ってくる半身不随のお年寄りよりものろい。下までおりたところで、わたしは石段にすわりこみ、またしても待ちに待った。おりてくるポールの姿は、かなり痛々しい。一歩足を踏みだすたびに顔をしかめ、全体重を金剛杖にかけようと涙ぐましい努力をしている。

ところがそのとき、ある光景を目にして、わたしは思わず噴きだした。立派な胸をでんと突き出した見目《みめ》麗《うるわ》しき若い女性が、ポールの後ろから軽やかな足どりで、トントンとおりてきたのだ。しかもテレビのアニメのように、一段一段下りるたびに胸が上下に激しく揺れるではないか。かたやポールは、五倍のスピードで足音も軽く追いぬいていく女性を見てやたらと興奮し、ウウッとうなり声をあげだした！　まさに「禁欲を強いられた、独身の巡礼」状態むきだしだ。しかしかわいそうに、いまのポールはいくらその気になっても、とても追いかけられる状態ではない。

「おれ、なんだかものすごーく、ふけた気がしてきた」

とこぼすのが精いっぱい、という体《てい》たらくだ。

さて、例のユートピアだが、酒屋のおじさんに道を聞いたら、ゲラゲラと大笑いされた。

「なんとまあ、白衣姿のガイジン巡礼さんに、ユートピアの場所を聞かれるなんて。いっそユートピアより、西方《さいほう》の浄土《じょうど》をめざしたほうがいいんじゃないの！」

それでもユートピアのことは知っていて、親切に道を教えてくれた。この先二キロ地点にあるらしい。

たかが二キロ、されど二キロだ。満身創痍《まんしんそうい》のポールには、具体的な数字を言わないほうがいい。そこで、

「すぐそこだって。ちょっと行った先らしいよ」

と言うにとどめておいた。さっそく県道一三五号に出て、重い足をひきずりながら北に向かう。県道はちょうどラッシュアワーで、和歌山を出て南下する車で渋滞し、信号が赤になるたびに車がえんえんと列をなしていた。わたしはその列を縫うように進んだのだが、あちこちで指をさされ、大声で笑われたり、ぎょっとされたりした。このように、巡礼姿で足を引きずるガイジンは、たびたびいやな思いをする。

しかしポールは、もっとひどい目にあった。なにしろわたしの半分のスピードしか、出せないのだ。わたしは二キロを三十分で歩き、ユートピアの外にすわりこんで、ポールを待つことにした。ユートピアは、ウォータースライドが壁から突き出した、それは立派な建物だ。えんえんと待たされたあげく、四十五分後、ようやく遠方にポールの姿が見えたが、そこからわたしのところまでさらに十五分もかかった。太腿《ふともも》がこすれないようにがに股で、そろそろ、そろそろとやってくる。しかも途中で、八十歳

はこえているとおぼしきおじいさんに、追いこされてしまったほどのノロさだ。ご老体にじろじろとぶしつけな視線を浴びせられて、恥ずかしい思いをしたらしい。だがポールの話だと、手押し車を押しながらよろよろと歩く九十歳のおばあさんに追いこされたときのほうが、もっとみじめだったそうだ。

「まるでこのおれを、地面に突っ立ったカカシかと言わんばかりに、すいすいっと追いこしてったんだぜ！」

自転車に乗った高校生の集団にからかわれたのも、かなりこたえたらしい。

「ちくしょう、あいつら、このおれをばかにして、ケタケタ笑いやがった！ 何言ってんだかわかんないけど、松尾芭蕉って言葉だけはわかったよ。おれのこと、松尾芭蕉って呼んでからかったんだぜ、きっと」

そうこぼすわりには、芭蕉と呼ばれてまんざらでもなさそうだ。それもそのはず、十七世紀に活躍した松尾芭蕉の俳句集を、ポールは興味津々《きょうみしんしん》で研究していたのである。そこでわたしはポールの機嫌《きげん》をとるために、そして自転車に乗った高校生にばかにされるほど足がノロイことを忘れさせないために、思いきってポールに「芭蕉」というあだ名を進呈《しんてい》することにした。高校生のなかには、のろのろと橋を渡るポールをばかにして、わざと自転車でぐるぐる回ったふとどき者もいたらしい。

「こんちくしょう！　おれの足を見ろってんだ！　太腿は赤いブツブツだらけ、いんきんたむしだってあるんだぞ、フン！」

ポールはむかっ腹を立てていたが、けっしてユーモアを忘れないところがえらい。

いざユートピアに入るにあたり、わたしは念のため、ポールにくぎを刺しておいた。

「まちがっても、足が痛いなんて顔をするなよ。おまえの足を見たら、ぜったい入れてもらえないから」

結論から言うと、ユートピアは期待したほどの温泉ではなかった。温泉と水風呂とサウナとシャワーがある、ありきたりの浴場である。芭蕉ことポールが脱衣場からそろそろと足を引きずりながら入ってくるまでに、わたしは一通り全部に入ってみた。それにしても足があんな状態でなければ、ポールは「なんだ、こりゃあ」と噴きだしたにちがいない。ユートピアが温泉客のために用意した室内着には、シャツにもパンツにもハワイの風景画が刷ってあったのだ。青い空を背景に、やしの木とハイビスカスとヨットが浮かび、その奥にはダイアモンドヘッドまであるとは、念が入ったものだ。

この室内着をしげしげとながめたあげく、痛みに苦しむ芭蕉どの（これからはポールを芭蕉と呼ぶことにしよう）は、うらめしそうにこぼした。

「あーあ、明日目がさめたらマノアのワゴン車でした、なんてことにならねえかなあ」

第三章

「美人だが、意地悪だ」

——和歌山から柏原《かしわら》——

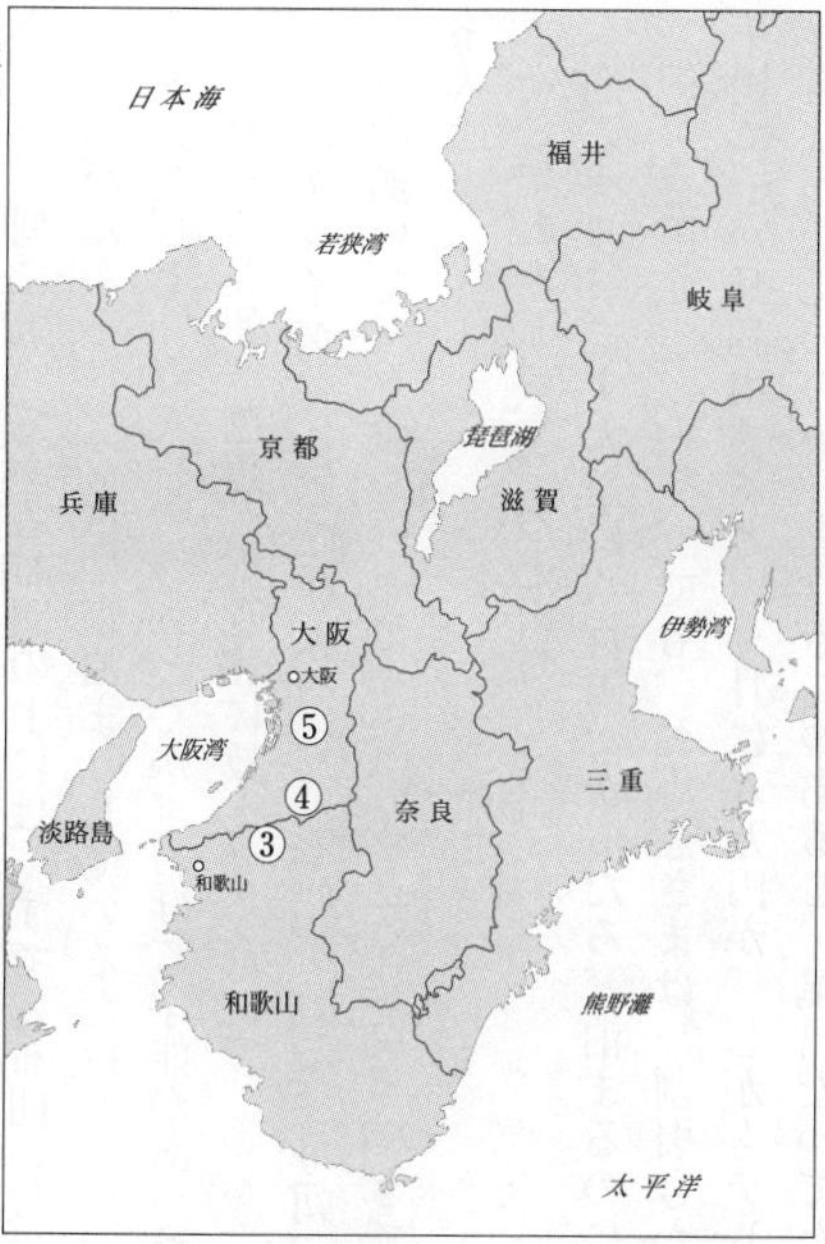

③粉河寺《こかわでら》　④施福寺《せふくじ》(槇尾寺《まきおでら》)

⑤葛井寺《ふじいでら》

夏衣《なつごろも》いまだ虱《しらみ》を取りつくさず——松尾芭蕉、一六八五年

"My summer robe
there are still some lice
I have not caught."

この晩、われわれが寝たのは、布団《ふとん》が二十組も用意してある広間だった。縦に十組ずつ、二列に敷いてある布団の上には、すでに布団の数以上の人間が休んでいる。芭蕉はふだんからワゴン車に寝泊まりしているだけあって、自分と同じように個性的な暮らしをしている人を、めざとくかぎわける才能があった。

さっそく翌朝、芭蕉が得意げに教えてくれた。

「おいクレイグ、ここに住みついてる奴がいる。毎朝、ここから仕事に出かけて、一日中働いて、夕食を食べてから、夜遅くに戻ってきて、一風呂浴びて寝るんだな、うん」

そこでわたしは、ざっと計算してみた。

「ええっと、まず入館に八百円かかるだろ。泊まるのに千五百円だから、あわせて二千三百円か……いや、でも、お得意さまは一割引きかなあ。とすると、一晩約二千円で一か月利用すると、一月に六万円か。しかもテレビ代と電気代込みで、シーツも洗わなくていい。食堂も二つあるし、風呂だってたくさんある。こりゃあ、いい！」

「そうそう、二、三日おきにコインランドリーに行きさえすりゃあ、あとはＯＫさ。まあ、こんな狭いロッカーに荷物を全部ぶちこむのは、ちょっときびしいけど。あのなかの何人ぐらいが、ここに住んでるのかなあ」

外は雨だ。この日は起きてからしばらく、芭蕉もわたしもぐずぐずしていた。第三札所《ふだしょ》の粉河寺《こかわでら》まで、三〇キロしかない。六時間かそこらで行けるため、今朝はゆっくりしてもかまわなかった。いや、それを言うなら、そもそも芭蕉は出かける気すらなかった。一日中だらだらして、できるならユートピアにもう一晩泊まりたい、という体《てい》たらくである。

それでも雨がやんだところで、芭蕉をなだめすかし、九時四十五分にユートピアを出た。当然ながら芭蕉はやる気がなく、出かける前にゆうに三十分もかけて足の手当てをし、両足のかかとと指の付け根にできた傷や、大きな水ぶくれや、パンパンにはれあがった小指に、でっかい絆創膏《ばんそうこう》を三枚ずつぺたぺたとはりつけた。芭蕉の無残な足をしげしげとながめて、わたしはみょうに納得した——そうか、ほんとうに痛いんだな。気のせいなんかじゃ、なかったんだ。

やっと出発したのはいいが、二〇〇メートルほど進んだところで、赤信号に足止めをくらった。それにしても、たったこれだけの距離で十分近くかかったとは、驚きだ。しかも道路を渡った先に、ミスタードーナツがある。全身がズキズキと痛み、やる気のないガイジンには、あまりにも魅力的な誘惑《ゆうわく》だ。素通りなど、できるわけがない。

そこでふらっと立ち寄ったのだが、おそらく店側は「コーヒーおかわり自由」制度を後悔したにちがいない。わたしも芭蕉もコーヒーを三杯もがぶ飲みし、ドーナツを三個ずつ食べ、さらなる苦痛に備えてカフェインと砂糖をたっぷり補給してから、四十五分後にやっと重い腰を上げた。さらに芭蕉は、わたしが非常用にとっておいた強力な鎮静剤《ちんせいざい》まで、しっかり飲みくだした。

おかげでわれわれはペースをぐんと上げて、和歌山市の中心街を出た。

そのあと、わたしは黄色の古いフォルクスワーゲンのビートルを見つけて、思わず声をはりあげた。旅に出て初めて見たビートルだ。

「おおっ、やった、一対〇だ！」

「ええっ！　あのゲーム、やるのかよ」

「もちろんさ。ビートル・ゲーム、開始！　一対〇でおれのリードだ」

ビートル・ゲームというのは、車で移動するとき、我が家の息子たちと暇つぶしによくやるゲームだ。だれがビートルをいちばん多く見つけられるか、競うのである。ビートルなら古くても新しくても何でもよく、いったんゲームを始めると、みんな目を皿にして、ビートル特有の丸い屋根や、くりくりっとした目玉のようなヘッドライトや、カブトムシ《ビートル》という名にふさわしいかわいい後部を探し回る。ホノルルのアラモアナでフォルクスワーゲンの販売店の前を通った日のことは、忘れられない。

「あっ、ビートル！　ビートル！　ビートル！　ビートル！　ビートル！　ビートル！　ビートルッ！」

わたしも息子も我先にと声をはりあげ、あとでだれに何点与えるか、真剣にかけひきをしたものだ。浜辺に向かう道すがら、日本から遊びにきた友だちとこのゲームをしたときも、すごく楽しかった。

「ビーチル！　ビーチル！」

友人が日本人特有のなまったアクセントでさけぶので、うちの息子たちは何週間も「ビーチル！」とまねをしていた。

「よーし、クレイグ、受けて立とうじゃねえか。ビートル見つけ競争だな。巡礼の旅の間、ずーっとやるんだぞ。ビートル見つけ大競争の始まりだ！」

「今のところは一対〇で、おれの勝ちだからな」

「ひでえよ、そんなの！　ゲームをやってたなんて、おれは知らなかったんだぜ！」

「問答無用！一対〇だ」

「わかった、わかりましたよ！　うるせえなあ、もう」

これですこしは、ズキズキと痛む足から芭蕉の気をそらせるというものだ。

今日は、とくに地図を見なくてもよかった。どうすればいいか、ちゃんとわかっているからだ。紀ノ川《きのかわ》にぶつかったら右に折れ、北と南を山に囲まれた広い狭間を四、五時間、川上に向かってひたすら歩けばいい。迷うほうが、どうかしている。しかし天気までは味方してくれず、暗雲と耐えがたいほどの湿気にたたられて、とうとう土砂降《どしゃぶ》りのにわか雨におそわれた。稲妻がピカッと光り、雷鳴が激しくとどろくなか、材木置き場の屋根の下で四十五分ほど雨宿りをする。それでも、にわか雨というだけあって、降りだすのもあっという間だがやむのもあっという間で、われわれはまたしても川ぞいに川上へ向かって歩きだした。

国道二四号でわたしは、またビートルを見つけた。

「ビートル！　これで二対〇だ！」

我ながら、出だしは好調だ。

今日の目的は、三番札所の粉河寺だった。寺と同じ名の粉河町にある、駅に近いお寺だ。

寺に行く前に、とりあえず銭湯につかろうと思ったのだが、これが意外に難問だった。ガソリンスタンドの店員さんに銭湯の場所を聞き、言われたとおり駅へ向かって歩きはじめたところ、一〇〇メートルかそこら行ったところでガソリンスタンドから追いかけてきた別の店員さんに呼びとめられ、悲しい知らせを聞かされた――さっきの銭湯ですけど、お客さんが減って閉まったんですよ。

がっくりとうなだれつつ、とにかく駅へ行こうという話になり、とりあえず駅に向かった。これは、正解だった。駅に、客待ちのタクシーが数台とまっているではないか。もし知らない町で、ガソリンスタンドの店員以上に道を知っている人がいるとしたら、地元のタクシードライバーと相場が決まっている。ガソリンスタンドの店員にしても、一度は「銭湯がある」と言ったのだから、ひょっとしたらどこかに別の銭湯があるかもしれない。

はたしてタクシーのおじさんは、うれしいことを言ってくれた。

「ああ、銭湯ね。あるよ、いまもやってるのが」

ところがだ。

「でもよ、おれ、道はよく知らねえんだ。あのへんなんだけどさあ」

と言って、おじさんは東のほうへ手を振った。

「なにせ道が狭いから、タクシーが入れねえんだわ。行ったことないもんで、くわしいことは、ちょっとなあ」

そこへ、見目麗しいガイジン女性を一人伴った日本人の一家が通りかかった。

すかさずガイジン女性が、英語で声をかけてくれた。

「どうかしました?」

たどたどしい英語だったが、芭蕉はがぜん目を輝かせ、嬉々《きき》として答えた。同じガイジンだから、言葉が通じる。しかも相手が美人ときたら、なおさらだ。

「風呂を探してるんですよ」

「お風呂?」

「ええ、銭湯、共同のお風呂です」

「さあ、知らないわ。銭湯なんて、一度も行ったことがないから」

と言うわりには、行きたそうな顔つきだ。すかさず芭蕉が、ぜひごいっしょにという顔で答える。この女性はブラジル人のピアニストだそうで、たまたま今日は休みで、知り合いの日本人一家に町を案内してもらっている最中らしい。その日本人一家は、先のタクシードライバーからすこしでも情報をかき集めようと必死なわたしを見て、なんて日本語がお上手なんでしょう、ホント驚いたわ、などとほめちぎってくれた。タクシードライバーのおじさんは親切にも無線で本部に連絡し、銭湯について聞いてくれた。

そんなわたしをよそに、芭蕉は「なんでそんな格好をしてらっしゃるの」というピアニスト嬢の質問を受けて、ウハウハと説明しはじめた。

タクシーのおじさんのおかげで、銭湯のおおよその場所がわかった。さらにおじさんは銭湯で使ってくれと、タクシー会社の名前入りのタオルまでプレゼントしてくれた。

「じゃあ、がんばってね」

銭湯を見つけるのも大変だが、芭蕉をピアニスト嬢から引きはなすのも一苦労だった。わたしは嫌がる芭蕉をむりやり引っぱり、ピアニストと日本人一家にさようならと挨拶して、銭湯探しの旅に出た。ざんねんながらおじさんが本部から聞きだしてくれた情報は正確とは言いがたかったが、ありがたいことに銭湯まであとすこしというところで、家の外で立ち話をする八十歳代のおばあさんたちに出くわした。

「えっ、なに、銭湯？　あるわよ、あっちに」

と、一人のおばあさんが道の向こうに手を振れば、

「いいわ、連れてったげる」

と別のおばあさんが助け船を出してくれる。

「あんたがた二人じゃ、見つかりっこないわ。地元の人間だって、迷うんだもの」

おばあさんは口に手を当ててアッハッハと大笑いし、迷路のような細い路地を案内

してくれた。たしかに、これでは迷う。帰りにちゃんと戻ってこられたら、まさにめっけものだ。

こうしてわれわれはやっと、粉河温泉にたどり着くことができた。民家の裏にひっそりとたたずむ、小さな古い銭湯だ。

芭蕉は、満面に笑みを浮かべた。

「へへっ、こんな銭湯、ガイジンで見つけたのは、おれたちだけだぜ」

「ほんと、そうだよな。こりゃあ一大発見だ」

うれしいことに、銭湯は営業中だった。しかし番台は無人だし、他に客の姿もない。いちおう念のために五分ほど「すみません、すみません、すみませーん」と連呼してから、われわれはあきらめて、ボロボロの脱衣場で服を脱いだ。そしていよいよ風呂に入ろうと真っ裸になったそのとき、どう見ても七十五歳はくだらないとおぼしきおばあさんがひょっこり現れ、番台に上った。だがおばあさんはわれわれガイジン二人組を見てもまばたき一つせず、心臓発作も起こさなかった。

対照的に、後から入ってきた刺青《いれずみ》のある男性二人は、われわれを見て仰天し、目をむいてひるんだ。だがガイジンという顔をしたフツウの人間だとわかってくれたらしく、慣れたら人なつっこく話しかけてきた。そういえば、みょうに酒くさい。けっこ

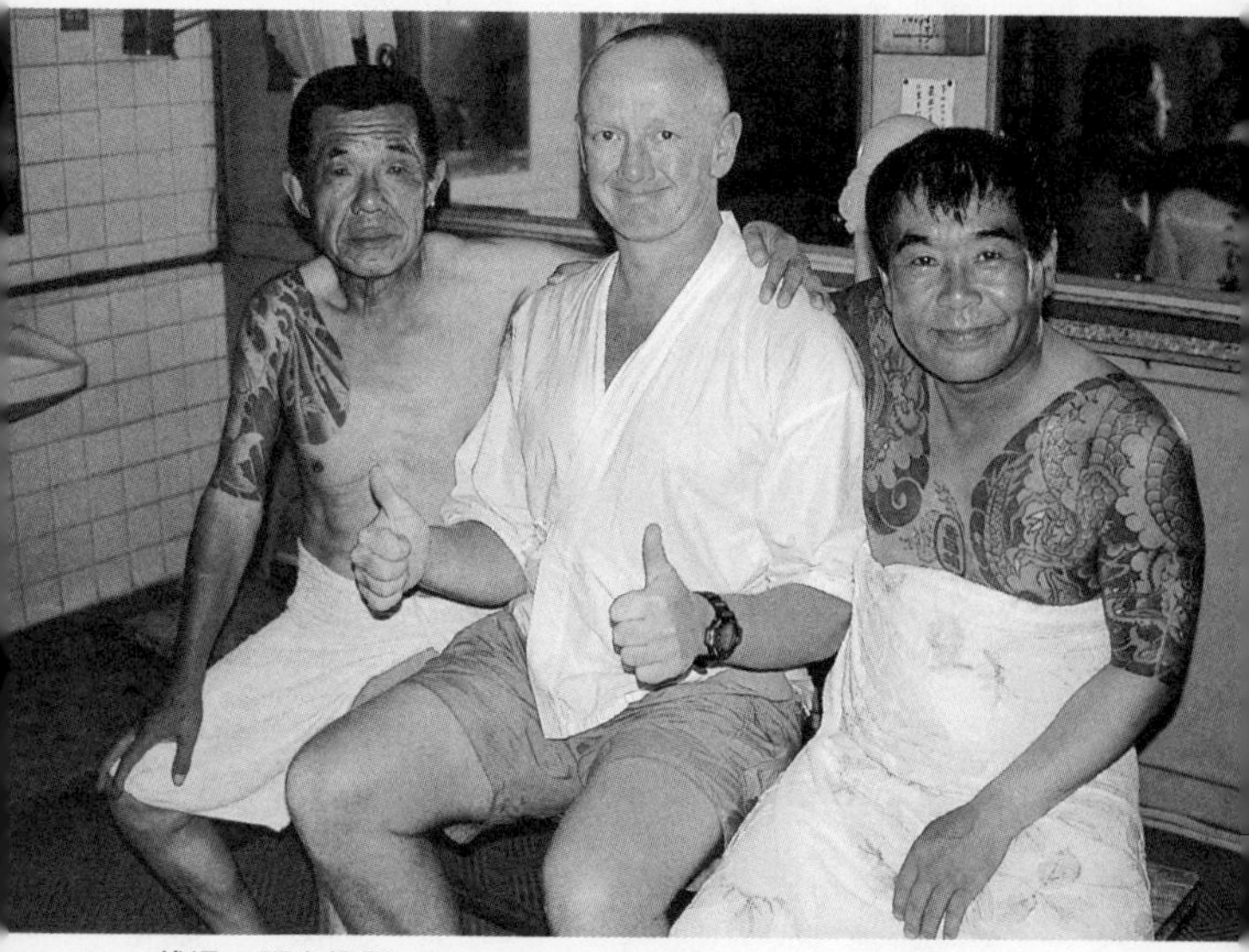

銭湯で記念撮影

う気さくな人たちで、一時間近くも話をし、なんと脱衣場で記念撮影までした。もちろん、素っ裸でだ。おまけに、帰り道まで案内してくれた。

芭蕉がサンダルをはくまで、ゆうに五分はかかる。手持ち無沙汰《ぶさた》で待つ間、片方の男性が芭蕉に声をかけた。

「平気、平気、足はきっとよくなるよ。観音さまが面倒みてくれるさ、なあ！」

でも、芭蕉のことだ。できることなら観音さまよりブラジル人のピアニストに頼みたいと、心の底から念じただろう。

＊

巡礼六日目のこの日は、粉河寺のすぐそばにある土産《みやげ》物店の軒先《のきさき》で寝た。一雨きそうな空模様で、わたしは道をはさんだ向かいのバス停からプラスチックのベンチを二つ失敬し、それを並べて即席のベッドを作った。かたや芭蕉は地面に直接マットを敷いて寝た。にわかベッドをつくるなど姑息《こそく》な手段をとらず、潔《いさぎよ》く地面に寝ころんだ芭蕉を見たら、本物の芭蕉もさぞあっぱれと感心したことだろう。ただし芭蕉は、横向きにならないと寝られないと、さんざんこぼした——かかとが痛くて、地面につけられないだろ。仰向《あおむ》けになりたくてもなれねえんだぜ、まったく！

土産物店の軒先は野宿するのにもってこいだが、一晩中人の出入りが激しいのにはまいった。寝ているわれわれの頭の先を、車が通るわ、坊さんがスクーターで行ったり来たりするわで、おちおち休んでもいられない。しかも午前四時には、だれかが寺のそうじをしにやってきた。

軒先を借りた土産物店は、なんと午前六時半に店を開いた。夏は巡礼がほとんどいないから、店を開けても開けなくても変わりないのに、だ。納経所が八時まで開かないことも、おじさんは重々承知の上だった。たしかに納経所が開く前に来た客は、朝食用にアイスクリームを買い求めたわれわれだけだった。

アイスクリームをなめながら、芭蕉は追憶にふけった。

「おれさあ、ガキの頃、朝飯にアイスクリームを食いたかったんだ。でもお袋が、ぜったいダメって言ってさ。大人になってからにしろって。でも、大人になって朝飯にアイスクリームを食ったのは、今日が初めてだぜ」

この重大な知らせをぜひ母親に知らせようと、芭蕉は嬉々として絵はがきを買った。

第三番札所の**粉河寺**《こかわでら》（風猛山《ふうもうさん》）は、奇跡の治癒《ちゆ》をもたらす寺として知られている。伝承によると、病気の娘をかかえた母親が、娘の治癒を願って観音さまにお祈りし、導かれるままに進んだら、いつのまにか粉河寺のあるこの場所に来ていた。ここで蓮《はす》の実を食べたら、娘は奇跡的に回復し、そのあとここに粉河寺が建てられたそうだ。

さっそく芭蕉も、治癒の祈りを捧《ささ》げた。

「観音さま、お願いです。新しい足をはやしてください。いんきんたむしは、もういりません」

＊

納経所で納経帳に朱印を押してくれたお坊さんに、第四番札所の施福寺《せふくじ》に行く近道について聞いてみた。施福寺は方角で言うと北東の、山をこえた大阪府にあるのだが、ガイドブックには車でまわる巡礼用の長い迂回路《うかいろ》しか書いてない。

そこでわたしは、芭蕉に告げた。

「昔の歩き巡礼さんが、わざわざ遠回りをしたわけがない。たしかに巡礼は、厳しい修行をする身だ。でも、バカじゃない。山中を突っきっていく道が、ぜったいにあるさ」

だれだって、そう思うはずだ。しかし納経所のお坊さんは近道を知らなかったとみえ、別のお坊さんに声をかけた。そこでここぞとばかりに、例のタカギさんの「パスポート」を取り出して見せたら効果絶大で、「気骨のあるガイジン歩き巡礼さんだ」とおおいに見直してもらえたようだ。大柄でいかにも力がありそうなそのお坊さんは、セロハンテープでつぎはぎした四枚の古いコピー用紙を引き出しから取り出してきた。

古い地図らしい。この地図を見ながら、わたしはお坊さんと顔を突きあわせて、ルートを確認した。

ただし確認し終えたあとで、お坊さんは一言、注意するのを忘れなかった。

「いまじゃあ、もうすたれた道だから、途中でだれかに確認してくださいよ。下手すると、巡礼道なんてないかもしれませんからね」

こうしてわれわれは、昨日通った川ぞいの道に戻り、東へ向かうこととなった。

山中に入った。わたしもポールも、食べ物は持っていない。この先店があるのだろうかと心配になってきたが、ありがたいことに見つかった。ところが最初に入った店は、自動販売機の清涼飲料水がすべて「売り切れ」で、食べ物もすべて売り切れという、とんでもない店だった。

自転車でやってきた別のお客さんがパンはありませんかと聞いても、店の主人は、

「ないね！」

と一言答えたきりで、愛想《あいそ》のかけらもない。

でも、捨てる神あれば拾う神ありで、われわれの窮状《きゅうじょう》を察した向かいのおばさんが、親切にも手を差しのべ、庭で育てたという赤く熟した大きなトマトを四つもプレゼントしてくれた。

このあとも、えんえんと上り坂がつづいた。峠をこえれば、大阪だ。それにしても、暑い。

山道をせっせと登る途中、またしても狭い売店を見つけたのだが、金魚鉢のような髪形をしたこのおばさんも、やはり何も売ってくれなかった。

「ごめんね、売れないの。賞味期限切れだから」

「えっ、でも、これ、コーラですよ」

「だめなのよ」

「コーラの賞味期限って、いったい何だよ」

ためしに芭蕉に聞いてみたが、芭蕉も首をひねるばかりだった。でもこのおばさんは、旅のお供に持ってってねと、地元のスモモを一袋渡してくれるだけの親切心を持ちあわせていた。

「歩き巡礼さんなんて、いまどきめずらしいわねえ。車の巡礼さんなら、いっぱいいるけど。粉河寺から次のお寺まで、ふつうはみんな車で行くから」

山道が、いっそうけわしくなってきた。途中、メガネをかけ、無精ひげをはやした、なんとも暑苦しい格好のおじさんがトラックですーっと寄って来て、

「おう、あんちゃんたち、後ろに乗んな」

と気さくに声をかけてくれた。地元の人たちは、みんな心が温かい。最初はトマト、次はスモモ、そしてこんどはトラックに乗っていけと、見知らぬ旅人を助けてくれる。そこでこの親切な農家のおじさんに巡礼道について聞いてみたところ、先ほどお坊さんにもらった地図にある古い巡礼道なんてもうない、と言う。

おじさんはトラックからひょいと飛びおりて、地図をのぞきこんだ。

「だめだめ、やめとけ。危ないよ！」

「危ない？　危ないって、何がです」

「だってよう、草ぼうぼうだぜ。道がわかんなくて、迷うに決まってるさ。ヘビだって、うじゃうじゃいるぜ。そうにちげえねえ」

おじさんは、こーんなに長いヘビだと言わんばかりに腕を大きく広げ、草だってこーんなにたけがあると言わんばかりに腰のあたりへ手を当てた。

「あのう、この道、お歩きになったこと、あるんですか」

「いや、ねえけど。でもよ、いまさらだれも行かねえよ」

やっぱり――。この手のせりふなら、前にも言われたことがある。安全を最優先し、みんないっしょに遠回りをすれば安心、というわけだ。でもこうした安全第一の姿勢を、わたしはどうしても好きになれない。安全ばかりの人生では、冒険も楽しみも味わえないではないか。第一、遠回りなどしたら、次の寺まで丸一日かかってしまう。わたしの勘が当たっていれば、そして藪《やぶ》のなかに巡礼道が残っていれば、寺まで四、五時間でたどり着けるはずだ。

そこで、わたしは芭蕉に持ちかけた。

「百年前の巡礼が、わざわざ遠回りして舗装された道を歩いたわけがない。今のおれたちと同じように、いちばん近い道を行こうとしたはずだ。だから、巡礼道はぜったいある。そう思わないか」

ありがたいことに、芭蕉はうんうん、とうなずいてくれた。芭蕉も、歩くのは必要最小限にとどめたい、というやむにやまれぬ思いがある。そこでわれわれは、とりあえず「遠回りしていきます」と嘘《うそ》でおじさんを安心させて、先に進んだ。

すこし行った先で右に折れ、近道を探しに山中へずんずん入っていった。しかしここで、予想外の事態に出くわした。どうやらお坊さんがくれた地図は、相当古いものだったらしい。こんな山中でも、舗装された道がちゃんと通っているではないか。いったいどうなっているのだろう、と不安をおぼえつつ登って行ったら、前方に農作業用のトラックが一台、現れた。

「よし、芭蕉くん、あのトラックに聞いてみよう」

「あれ、クレイグ、さっきの人じゃねえの」

「まさか。あのおじさんは、反対の方角に行っただろ」

でも、そのまさかだった。無精ひげをはやしたなんとも暑苦しいおじさんが、危ないから巡礼道はやめとけと言ったあのおじさんが、いたのである。それにしても、なぜいま、目の前にいるのか。不思議でならなかったが、相変わらずおじさんは気さくで、いやな顔一つしなかった。おそらく、うっかり道をまちがえて変なところを曲がってしまっただけだと、思ってくれたのだろう。

「ええっと、このまままっすぐ行けば、尾根に出るよ」

「このままって、いま来た道のことですか」

「うん、そうだよ」

「でも、さっき、長ーい草がぼうぼうとはえてて、長ーいヘビがうじゃうじゃいるって、言ったじゃないですか！」

わたしはわざと腕を大きく広げ、腰のあたりに手を当てた。

「ああ、そりゃあ、山をこえた向こうの話だ」

「つい最近、確認したんですか」

「いや、一度も行ってねえよ」

「とにかく、山のこっち側は、舗装された道があるんですね」

「うん、そうなるね」

おじさんとはここで別れたが、わたしはまた会う予感がしてならなかった。道はどんどんけわしくなり、生いしげった草の間をくねくねと曲がりながらつき進んでいく。お坊さんの地図にも、われわれが用意してきた新しい地図帳にも載っていない、なんとも不思議な道である。

いつまで坂がつづくのやらと、げんなりしながら、えっちらおっちら登るうち、家が十軒ぐらいしかない、こぢんまりとした集落にさしかかった。もちろん、地図にはない村だ。

「なあ芭蕉くん、これじゃあ、まるで探検隊だよ。この村のこと、他にだれか知ってるのかな」

上り坂が、まだまだつづく。

途中、測量チームの一行と出くわした。われわれを見て、仰天《ぎょうてん》して目を丸くしている。それもそうだろう。三十七度をこす真夏の炎天下、地図にも載らない人里離れた山中で、白衣姿のガイジン巡礼二人組を見たら、だれだって腰をぬかすに決まっている。

「えっ、三国山《みくにやま》から槙尾山《まきのおさん》に行く道？　ああ、ありますよ。舗装された道がね。近畿自然歩道ですよ」

測量チームのリーダーが、にっこりとほほえみながら教えてくれた。一夏ずっと炎天下で仕事をしてきたせいか、こげていると言ってもいいほど、真っ黒に日焼けしている。

「あのう、じつはですね、こーんなに長い草がぼうぼうはえていて、こーんなに長いヘビがうじゃうじゃいるって言われたんですけど」

わたしは念のため、例によって身振り手振りをまじえながら聞いてみた。

「ハハッ、ご心配なく。しっかりと舗装された、まともな道ですよ」

ありがとうございました、とお礼を言って、われわれは出発した。

「ほらね、やっぱり。なあ芭蕉くん、おれの言ったとおりだろ。あのおじさん、ぜんぜん知らなかったんだ。なにしろ、行ったことがないんだから。そのくせ、自分が安心したくて、おれたちをわざと遠回りさせようとしたんだぜ。あんなことばかりしていたら、この国はうまくいくはずないよなあ。安心ばかり優先させてたら、新しいことに出合えない。やっぱり冒険に挑戦して、新しいことを見つけないと。日本人に一言注意するとしたら、これだな。安心ばかりしていたら、つまらない人生しか送れないよってね」

相変わらず、道はけわしくなるばかりだった。そして、わたしの予感は的中した。やっぱり、あのおじさんだ。無精ひげをはやした暑苦しい例のおじさんが、道端《みちばた》に白い軽トラックをとめ、柿の木の下でせっせと草を刈っているではないか！　われわれを見て、おじさんは手をとめ、おしゃべりをしにやってきた。相変わらず愛想がいいので、わたしはのど元まで出かかった文句をぐっと飲みこんだ。なんでもこのおじさんはハネムーンでハワイに行ったことがあり、他にも世界あちこちを旅行しているらしい。

「あのおじさん、なんて言うか、そのう……いかにも田舎のおじさんって感じだろ。村から出たことがありません、って感じでさ。自分の村の目と鼻の先にある山に、登ったことがねえってんだぜ。その村だって、地図にも載らないへんぴな村じゃねえか。なのにハワイには行ってたなんて、おれ、ホント、たまげたぜ」

などと芭蕉が言うので、わたしは毒づいてやった。

「きっと五日間の安心ツアーじゃないの」

やがて山道は、別の道と合流した。和歌山県と大阪府の境にある山脈の頂上を、ぐるぐると回る道だ。これで本日の登りコースはめでたく終了となり、わたしも芭蕉も心の底からほっとして、道路のど真ん中にすわりこみ、一休みした。そういえば、ここにたどり着くまで、午前中は例のおじさんの車をのぞけば車をまったく見ていない——と思ったその矢先、例のおじさんの軽トラックそっくりの白いトラックが、猛スピードで角を曲がってきた。われわれの休憩場所のすぐそばで、キーッとタイヤを鳴らしながら急停車する。そして、紫色のエプロンをつけたおばさんが窓から身を乗りだし、スモモの入った袋を差しだしたかと思うと、ほとんど口をきかないまま、猛スピードであっという間に走り去った。

「なあクレイグ、なんだかおれたち、日本の女の人たちに見はられてるみたいだな。腹ぺこになるたびに、絶妙のタイミングで、それっとばかりに食べ物を持ってかけつけてきてくれるなんてさあ」

袋づめのスモモをもらうのは、今日はこれで二度目だ。他にもトマトが四個ある。

「日本は女性がいなけりゃ、世界で孤立してるよ」

「ホント、そのとおり！」

四方八方に延びた細い山道で、森の手入れをする四人の作業員と出くわした。四人とも手を休め、路肩で休憩している最中だった。

「うわっ、驚いた！　あの人たち、どうやってここまで来たんだろう」

「おれだってこうやって実際に目撃しなけりゃ、こんなところに人がいるなんて、信じられないよ」

どうやら向こうも、同じ思いだったらしい。だが、いやあ奇遇《きぐう》ですねえなどと、のんびり雑談している暇はなかった。五時までに納経所で朱印をもらわないと、大変なことになる。つい気がせいて、わたしはとうとう走りだした。コンクリートの舗装がとぎれ、ごくふつうの細い山道になったが、草がぼうぼうはえていることもなく、たどるのはかんたんだった。いっぽう芭蕉は、ここに来て足のトラブルにまた悩まされていた。そんな芭蕉を尻目に、わたしは山道まで伸びた木の枝を思いきり揺らし、さっそうと山道をかけ下りて、じつに爽快《そうかい》な気分を味わった。やがて交差点にたどり着いたので、芭蕉が迷わないように金剛杖で地面にでかでかと矢印を書いてやり、わたしは独りでさっさと寺に向かって、めでたく四時半に到着し、そそくさと納経をすませた。さあ、あとは休憩だ。一休みして、相棒を待てばいい。

ところで、芭蕉はどこだ？　時刻は、すでに四時四十分——。わたしはだんだん、不安になってきた。五時までに納経をすませないとどうなるか、あいつはほんとにわかっているのか。間にあわなかったら、こんな山奥の寺で一晩明かすことになる。もちろん食料もなければ、風呂もない。宿といえば、寺の石段だ。もし芭蕉が間にあえば、山を下りて、にぎやかな大阪へ行ける。

そうこうしているうちに、四時四十五分になった。芭蕉のやつ、いったい何をしているのだ？

四時五十分、わたしは不安でいてもたってもいられず、すこしばかり引きかえしてみた。寺にいるたった一人のお坊さんに、相棒がすこし遅れるかもしれないと告げたら、ありがたいことに待ちましょうと言ってくれた。

ところで、芭蕉は？　どこだ、どこにいる？　あっ、いた、いたぞ！　苦しそうに、こっちへやってくる。間にあった！　まさに、ぎりぎりセーフだ。お坊さんは芭蕉の納経帳に朱印を押したかと思うと、二分後にはもう姿を消し、寺にはわたしと芭蕉だけが残された。

施福寺《せふくじ》（槇尾山槇尾寺《まきのおさんまきおでら》）は、修験道の歴史をほこる寺だ。そもそも二十歳の弘法大師がここに寺を開いたのは、まさに修験道のためである。わたしは本堂の裏を歩きまわり、藪《やぶ》の奥にやっとおめあてのものを見つけた。おめあてのものとは、聖徳太子をまつった太子堂である。

五時十五分に、若いご夫婦がやってきた。駐車場からここまで三十分かけて歩き、安産祈願をしに来たのだ。旦那さんのほうは白衣姿だが、われわれとちがってまぶしいほどの白さで、しかもにおわない。奥さんのほうは、お腹がだいぶせり出していた。このご夫婦は仲良く、本堂の前で祈りを捧げた。旦那さんの低い読経の声で、ひなびた寺にふさわしい独特の雰囲気がただよった。

「なあ、芭蕉くんよ、おれたち正解だったな。山をこえて来て、よかったよ。ここはさ、標高五四〇メートルなんだ。もしあのおじさんのおおせにしたがって遠回りしたら、いったん山をこえて、平地に下りて、しばらく歩いて、またここまで登らなきゃならない。それじゃあ、明日の今頃たどり着けたら御の字ってもんだ！」

というわたしに、芭蕉も大きくうなずいた。

「ホント、大正解だ！　やっぱり、自分を信じりゃ損しないってことよ。他人が何と言おうが、自分の判断を信じりゃいいんだ」

「そうそう、もしまちがえたって、それで賢くなればいい。何でもやってみなきゃ、賢くもなれない」

「そうそう、そうだ、そうともさ！」

*

施福寺は、二つの谷にはさまれた山の斜面にある。相談のうえ、われわれは主要道路や駐車場がある谷ではなく、反対側の谷を通って東に抜けることにした。そのほうがまっすぐ大阪に行かれるからだが、いざ歩いてみたら驚くほどさびれたコースだった。人気のない泥道が、何キロもえんえんとつづく。しかも路肩には、だれかがわざわざ車で捨てに来たらしく、ゴミやガラクタが山のように積んである。大きな四角いガラスが三枚もあった。

それを見て、芭蕉はいたく憤慨《ふんがい》した。

「大切な自分の国に、どうしてこんなことができるんだよ。ああ、もう、吐き気がしてくる。もしハワイで家のゴミを森に捨てるふとどき者を見つけたら、ぶちのめしてやるっ！」

「ほんとだよな。この国の人たちは、自分さえよければ、他はどうなろうとかまわないんだ。ゴミの不法投棄なら、あちこちでいやになるほど見てきたよ。みんな平気で、車の灰皿のゴミを路肩に捨てるんだ。自分のスペースさえきれいなら、ほかはどうなろうと気にもしない。しかも、罪悪感のかけらもないときた。だれかに見られたら、ぜったい捨てないくせに」

芭蕉は、歩くのがかなりつらそうだった。

「あーあ、松葉杖《まつばづえ》でもあれば、もっと早く歩けるのによぉ」

足がよほど痛むのか、芭蕉は一歩踏みだすたびに顔をしかめるが、ここはぐっとこらえて歩いてもらうしかない。谷を抜け、腹ごしらえをして、今晩の寝場所を確保しなくてはならないからだ。それにしても、遅い。遅すぎる。芭蕉にさんざん足を引っぱられて、わたしはいい加減うんざりしてきた。

やっとのことで、日本第二の規模を誇る大阪に入った。しかし、路上には人っ子ひとり、姿がない。変だ。不思議としかいいようがない。

わたしはひとりでさっさと谷間を進み、もっと広い谷間にぶつかる手前で数軒並んだ家を見つけ、一軒の家の前の岩にすわりこんで、芭蕉が追いつくのを待つことにした。芭蕉にとって歩き旅が地獄の責め苦であるように、わたしにとって芭蕉を待つのは苦痛以外のなにものでもない。このときも三十分待たされてやっと、薄暗がりのなかに芭蕉の白衣が見えてきた。芭蕉は歩くというより、はっているというかっこうだ。しかも、まだ宵《よい》の口の午後七時で、食料もないというのに、わたしがすわっているこの岩に倒れこんで、いまにも眠りこけてしまいかねない。まずい、どうやって歩かせるか。わたしはすばやく知恵を絞り、さっさと立ち上がって歩きだすことにした。わたしが歩けば、芭蕉もまさかひとりでここに残るわけにいかず、いやでもついてくるしかない、と踏んだのだ。

「なあ、おい、なんで今日は次から次へと、人生最悪のハプニングばかり起こるんだよ。これ以上ひでえ日は、ぜったいねえぞ。おとといも昨日も悲惨だったけど、今日は正真正銘、最悪だぁ」

「まあ、とりあえず、死なないように努力するんだな。明日一日がんばれば、藤井寺に着く。そうしたら、おれの家族と一晩ゆっくり過ごせるぞ」

わたしの妻の両親は、第五番札所の葛井寺《ふじいでら》から五キロしか離れていない柏原《かしわら》市に住んでいる。われわれはわたしの妻と二人の息子とともに、義理の両親宅に泊めてもらう予定だった。大阪に行けば愛《いと》しい家族に会える、という楽しみがあるからこそ、わたしはここまでがんばれたのだ。一晩か二晩、愛する妻や息子たちとゆっくりできる。しかし、芭蕉にとってはしょせん他人の妻子だ。芭蕉にまでワクワクしろというのは、無理だろう。そこでわたしはさりげなくえさをちらつかせて、芭蕉のやる気を引きだすことにした。

「それにさ、おれたち、スケジュールどおりだぜ。うまくいけば、予定より一日早く行けるかも。そうしたら、大阪で一日、のんびりしようぜ」

なに、一日よけいに休めるのか——単細胞の芭蕉は、とたんに活気づいた。が、やはり長つづきはしなかった。大通りに出て、河内長野《かわちながの》へと右に曲がったときには、すっかり日が暮れていて、ときどき通る車のヘッドライトが目にまぶしい。やっとのことで見つけた八百屋には果物と野菜しかなかったが、それとて立派な食料だ。さっそく買いこんで、店の外にすわりこみ、ちんまりとしたお地蔵さんの隣でぱくついた。このお地蔵さんに、芭蕉はさっそく「足を治してください」と懸命に祈りを捧げた。八百屋のご主人は親切にも、芭蕉とわたしにそれぞれ、スイカを大きく切ってきてくれた。今日は、親切な人にたくさん出会えた。道中、親切にしてもらえたからこそ、どんなに苦しくても歩き巡礼にこだわってこられたのだ。だから、すぐ目と鼻の先でとまったバスを見て、「おおっ、すばらしいっ、バスだ、乗ろう」といくら芭蕉にせっつかれても、わたしは首を縦に振らなかった。

「バスになんか乗ったら、一生後悔するぞ」

「後悔したって、おれはいいのに」

とりあえず、腹ごしらえはできた。しかし、さすがにここで風呂に入ったり寝たりするわけにいかず、当面歩くしかなかった。ああ、おれはもう、歩道で寝たい、などとほざく芭蕉を一喝《いっかつ》し、われわれはまたとぼとぼと大通りを歩きだした。しかしトンネルを三つ抜けて住宅街に出たが、まだ寝る場所が見つからない。

「おれ、もうダメ。ヘトヘト。一歩も歩けねえ」

とうとう芭蕉が、音を上げた。それを言うなら、わたしもフラフラだ。ふと見れば、道路脇にちょっとした広場があり、ベンチと公衆電話がある。広場といってもしょせん猫の額で、公園と呼べる代物ではないが、それでもわれわれはそこで夜を明かすことにした。さっそくコンクリートに直《じか》にマットを敷いて横になり、この日は早々と午後九時半に寝た。

＊

翌朝も五時に、早々とたたき起こされた。一軒一軒、郵便受けに新聞を配って回る配達員のスクーターが、うるさくて目がさめたのだ。それにしてもこの配達員は、白衣姿で堂々と歩道にマットを敷いて眠りこけるガイジンなど、初めて見たにちがいない。目がさめたのでしかたなく、わたしも芭蕉も荷物をまとめてベンチにすわったのだが、結果から言えばまさにグッドタイミングだった。すぐ後ろの家の主《あるじ》が六時に、新聞を取りに出てきたのである。ベンチにすわっていたからよかったものの、歩道で寝ているところを見たら、仰天して腰を抜かしただろう。

「おはよう」

大きな声で挨拶されたので、われわれも負けずに元気よく挨拶した。

「おはよう」

このあとは、国道一七〇号にそって大阪へ向かった。ちょうど朝のラッシュアワーにぶつかってしまい、七時半頃まではまだよかったが、その後の一、二時間はまさに地獄で、やや排気ガスから目を守るためにサングラスをかけなければならなかった。やや遠回りになるが、もっとすいた道を行くという手もある。だがわたしも芭蕉もからだがだるくて、足も痛く、よけいに歩く気にはとてもなれなかった。

路肩にごまんと捨てられたゴミを見て、芭蕉はまたしても憤慨《ふんがい》した。

「なあ、クレイグ、この国は不景気であたりまえだよ。物をちっとも大切にしないんだぜ。見ろよ、あのゴミの山。だれも気にしない。使い捨てがあたりまえなんだ。こんな無駄な消費は、日本のためにならない。日本を悪くするだけだ」

朝ご飯は、吉野家で食べた。この時間に開いていた、数少ない店の一つだ。この吉野家で窓から外をながめながら、わたしも芭蕉も焼き魚定食を食べた。

と突然、芭蕉がすっとんきょうな声をあげた。

「ちくしょう、しまった！」

「どうしたんだよ」

「ほら、あそこに、うば車を押すおばあさんがいるだろ。いま、おれたちが歩いてたら、追いこせたのに！　あーあ、おれたちが出発するとき、まだあそこにいてくれるといいんだけどなあ」

ははあ、なるほど――。どうやら芭蕉のユーモアのセンスは、まだ健在のようだ。和歌山に行く途中、手押し車を押しながらよろよろと歩く九十歳のおばあさんに追いこされたのが、よほどこたえたと見える。ここで見かえしてやろうという魂胆《こんたん》のようだ。

そのとき、わたしの目にビートルが飛びこんできた。なぜかビルのてっぺんに、ビートルが鎮座《ちんざ》ましましている。

「あっ、ビートルだ！　よーし、これで三対一！」

これまでも、そしてこれからも、このビートルが道を走ることはないだろうが、それでもビートルにはちがいなかった。

＊

午前十一時半、澄み切った空の下、足をひきずりながら第五番札所の**葛井寺**《ふじいでら》（紫雲山）に入ったわたしを、愛しい妻ユリコとかわいい息子のリキとベンが待っていてくれた。ここで落ちあって、義理の両親の家に行く約束をしていたのである。

葛井寺は七一五年に建立《こんりゅう》された由緒《ゆいしょ》ある寺だが、歴史をへておおきく様変わりした。大阪は第二次世界大戦中に爆撃《ばくげき》されて、一面焼け野原となり、その後大都市として成長した。そのあおりで、葛井寺やその周辺に、もはや昔の面影はない。ちなみに葛井寺のある藤井寺市ならわたしも前に一度来たことがあるが、目的は葛井寺ではなく、旧藤井寺球場で開催された近鉄バファローズの試合観戦だった。

葛井寺の本堂には、お賓頭盧《びんずる》さまがあった。お祈りにきた人たちにさんざんなでられたせいか、みょうにつやがある。ちょうど今も一人のおばあさんが、お賓頭盧さまをしきりになでているところだ。お賓頭盧さまの肩をさすってから自分の肩をさすり、お賓頭盧さまのひざをさすってから自分のひざをさすり、お賓頭盧さまの足首をさすってから自分の足首をさすっている。

我が妻ユリコによると、「ああやって、からだの悪いところを治す」のだそうだ。

「あなたたち、どこか痛いところ、ある？」

「フン、あるなんてもんじゃないよ」

よーし、それでは、と芭蕉はゆうに十分かけて、お賓頭盧さまを上から下までくまなくなでまわし、そのたびに自分のからだをせっせとさすりまくった。

「ねえ、ユリコさん、お宅のダンナはやたらと人使いが荒いんでまいったよ、まったく」

と、ちゃっかり我が妻に訴えるのを忘れない。

寺を出る段になって、わたしはユリコに声をかけた。

「ユリコ、きみの実家までけっこう距離があるけど、歩けるかい」

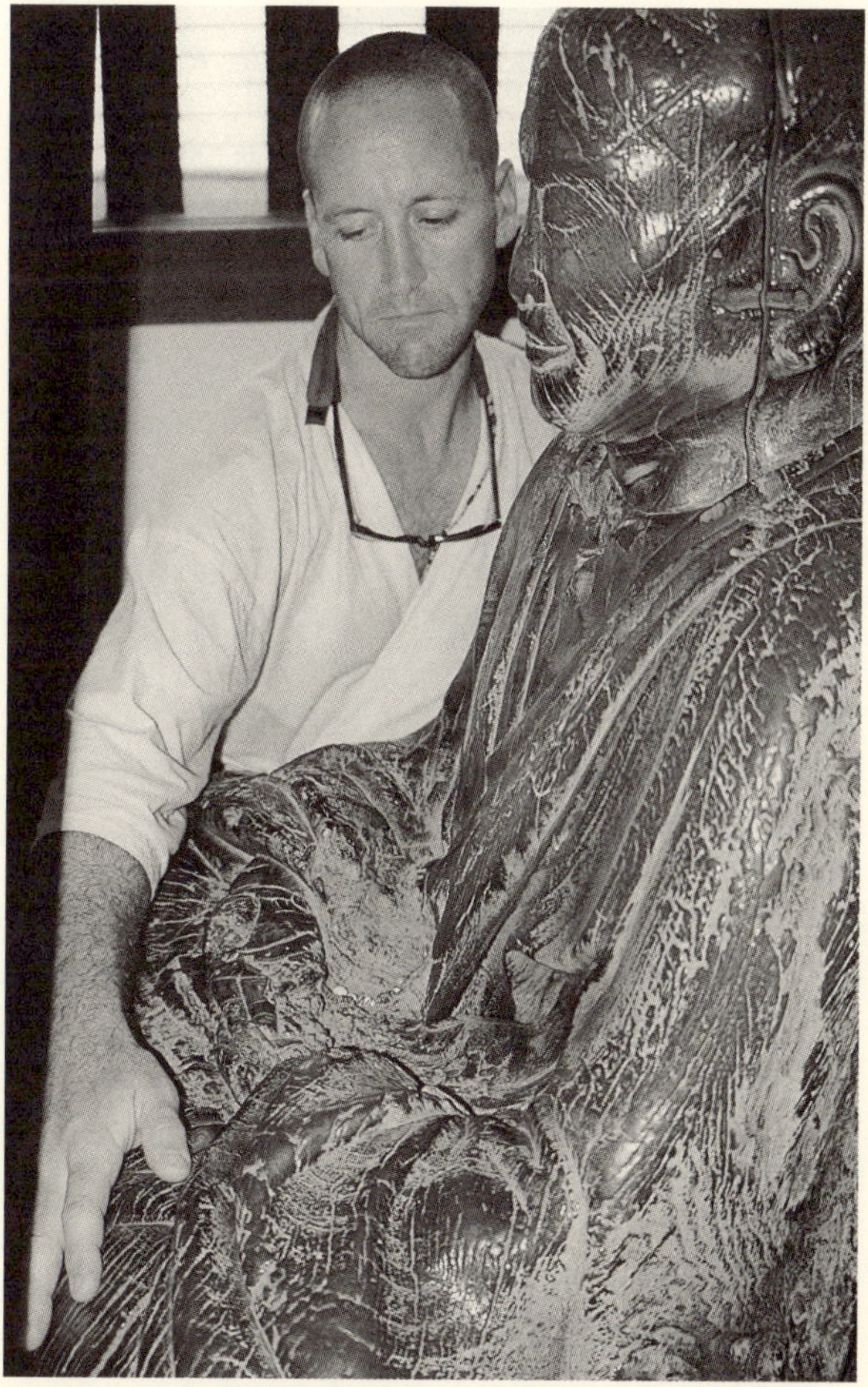

葛井寺で、からだの回復を祈ってお賓頭盧さまをさする芭蕉

ユリコは、歩くのが得意ではない。しかしユリコはなぜかぷっと噴きだし、腹をよじって笑いこけた。

「ええっ、何がそんなにおかしいの」

「だって、いまのあなたたちよりあたしのほうが、よっぽど元気だもの」

途中、芭蕉は杖をついたおじいさんを発見し、目をらんらんと輝かせ、鼻の穴をふくらませ、がぜんはりきって追いこした。そんな芭蕉を息子たちは、このおじさん、どうしちゃったんだろう、とあっけにとられてながめていた。

結局、わたしは大阪で一日休むことにして、芭蕉を医者に連れていった。芭蕉は看護婦に大モテで、やたらとちやほやされたが、医者には魅力が通用しないとみえ、足を見せるなり横になれと命じられ、ずらりと並んだベッドの一つに寝かされた。周囲は、点滴やマッサージを受けている高齢のご婦人ばかりだ。

芭蕉を見て、ある看護婦が別の看護婦にこっそり耳打ちした。

「ねえ、あのガイジンさん、カルテの年齢よりずーっと若いと思わない?」

ううむ、そういえばこの看護婦は、芭蕉よりちょっとお年を召しているようだ。でも、どちらの看護婦も見目《みめ》麗《うるわ》しいことに変わりはない。芭蕉のような患者はめったに来ないから、騒がれるのもしかたあるまい。

そのとき、耳打ちされた方の看護婦のせりふがわたしの耳に届いた。

「ねえ、足があんなになっちゃうなんて、もう一人のガイジンさん、ずいぶんひどいことするのねえ」

まともな人間なら、自分の足にあんなことをするはずがない。つまり、このわたしが芭蕉をいじめぬいて、あんな足にさせてしまった、と思われたわけだ。なんたる嫌みか！

「ほんとよねえ、かわいそうに」

と言うと、看護婦たちはわたしをそそくさと追いだして、芭蕉の足の治療にとりかかった。あとで出てきた芭蕉は、わずかに左足のかかとが見えるだけで、両足とも白い包帯でぐるぐる巻きにされていた。まるで、白いペンキに足をドボンとつっこんだようだ。さっそくわたしは、声をかけた。

「おい、どうだった？」

「美人だが、意地悪だ！」

「だれが看護婦のことを聞いた？　足のぐあいはどうだって聞いてるんだよ」

「うーん、あんまりよくない」

芭蕉は医者から抗生物質を処方され、ゆっくり足を休めるように言い渡された。

「いいですか、ここ二、三週間は歩き旅などもってのほかです」

芭蕉に向けた言葉なのに、医者はなぜかわたしを見ていた。

足を包帯で巻かれた芭蕉は、当然ながら靴がはけない。そんな芭蕉を見て、ある看護婦がとんでもないことを言い出した。なんとこのわたしに、芭蕉をおぶって帰れというのだ！　冗談じゃないと青くなって交渉し、病院のスリッパを拝借することで、なんとか話をまとめることができた。芭蕉は足がよほど痛むのか、顔をしかめ、雨が降ろうが槍《やり》が降ろうが明日はぜったい歩かんぞ、と天に誓いつつ、すり足でそろそろと外に出た。

ここでわたしは、さっきから気になっていたことを聞いてみた。

「ところで芭蕉くん、看護婦のこと、美人だが意地悪だって言ったけど、あれはどういうことかね」

「かわいい顔をした看護婦がいただろ。あの看護婦がよ、ズキズキと痛む個所を見つけては、わざとぎゅーっと押して、痛いですかぁなんて聞くんだぜ。しかも、泣きながら『はい』って答えたのに、キャッキャとさもうれしそうに笑って、また押しやがった」

＊

結局、われわれはもう一日休みを取って、次の日も病院に行った。この日の芭蕉は、待ってましたとばかりに美人ぞろいの看護婦に取り囲まれ、天にも昇る心地を味わったことだろう。芭蕉の足がこんなになったのは、すべてわたしのせいということで落ち着いたらしい。さらに医者からは「歩行禁止」というきびしいお達しがあった。

しかも、である。なんと愛しい我が妻ユリコまで、芭蕉の肩をもった。

「まあ、ポール、なんてかわいそうなの」

「ちょ、ちょっと待てよ。おれだって、足が痛いのに。どうしてだれも、おれには同情してくれないわけ？」

「あら、あなたはだいじょうぶよ。でもポールはちがうわ。よしよし、かわいそうに」

この日、わたしが病院で看護婦からいっせいに白い目で見られたのは、言うまでもない。そこへ追いうちをかけるように、ポールの足があんなになったのはあなたのせいだわ、ぜったいあなたが悪いのよ、と義母からも容赦《ようしゃ》なく責められた。唯一、愛する我が息子たちだけはわたしに味方してくれたが、それもテレビで野球の試合が始まるまでだった。

芭蕉の足がこんな状態では、動こうにも動けない。そこで思案の末、われわれは自転車屋に行き、陳列《ちんれつ》してあるなかでいちばん安い自転車を買った。奥さんたちが買い物によく使うギアのないタイプで、前に買い物かごが、後ろにスタンドがついた自転車だ。こうして芭蕉は「自転車巡礼」に変身し、にんまりとした。

「本物の芭蕉は、チャンスがあれば馬に乗ったんだぜ。おれが自転車に乗ったって、罰《ばち》なんか当たらねえよ」

第四章
「我が頼もしき従者、芭蕉くん」

——柏原《かしわら》から長谷寺——

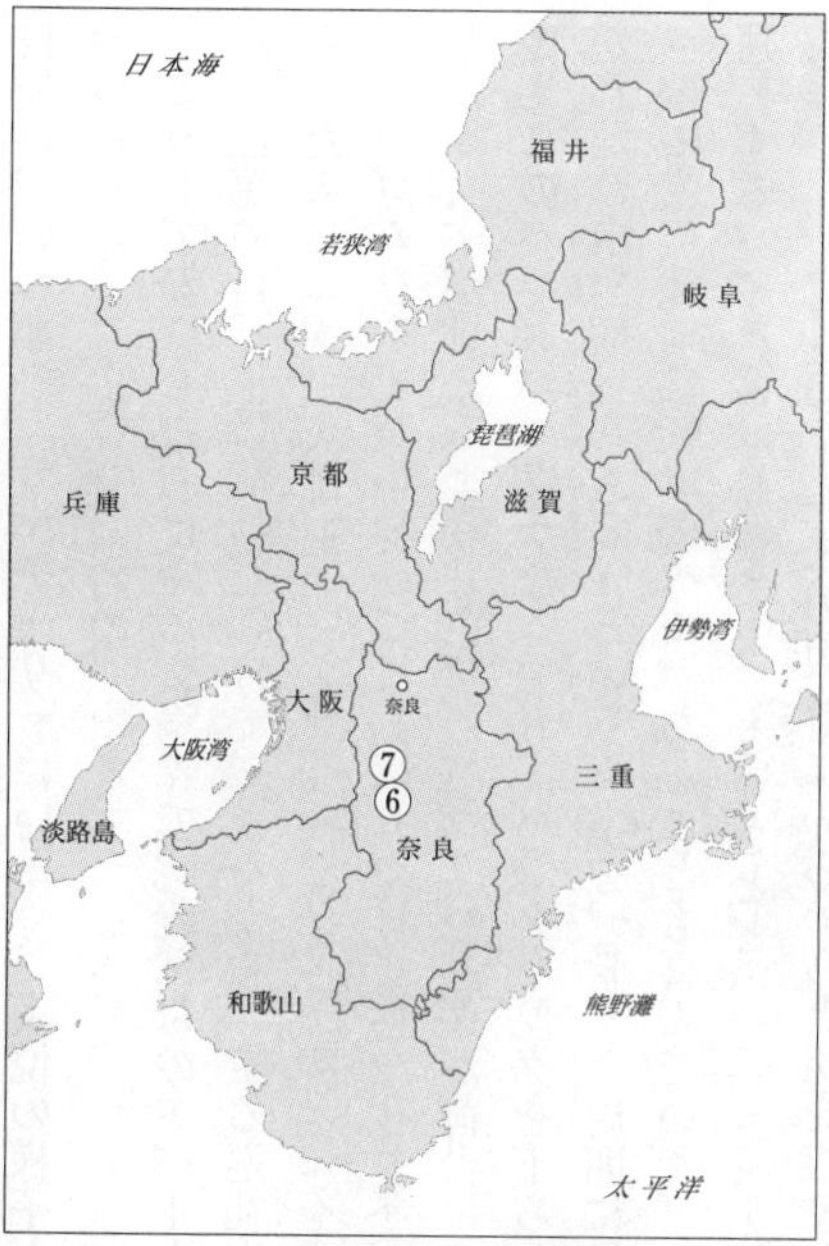

⑥壺阪寺《つぼさかでら》(南法華寺《みなみほっけじ》)
⑦岡寺《おかでら》(龍蓋寺《りゅうがいじ》)

馬ぼくぼくわれを絵に見る夏野《なつの》哉《かな》——松尾芭蕉、一六八三年

"My horse ambles along
I see myself in a painting
On this summer moor."

ここからは、いままでとはがらりと違う旅になる。芭蕉はおばちゃん専用の買い物自転車、いわゆる「ママチャリ」にいたくご満悦の様子だ。わたしも荷物を芭蕉におっつけられて、上機嫌だった。

　こうしてわたしたちはやる気満々で、義父母のアパートを朝の九時十五分に出発した。芭蕉の自転車は荷物だらけで、さながら「走る巡礼広告塔」と化していた。前から来た人に「南無《なむ》大師《だいし》遍照《へんじょう》金剛《こんごう》」という文字が見えるよう、わたしの白いバックパックをゴムひもで買い物かごにしばりつけ、後ろから来た人にも「南無大師遍照金剛」という文字が見えるよう、芭蕉のバックパックが荷台にひもでくくりつけてある。たとえこのバックパックがなくても、バックパックを下ろしたおかげで、白衣の背に書かれた「南無《なむ》観世音《かんぜおん》菩薩《ぼさつ》」という文字を、堂々と周囲に見せつけられるようになった。さらに芭蕉は、自転車にベルがあることも喜んでいた。ここに来るまで、中年女性の運転するバイクに「じゃまよ、さっさとどいて」とさんざん警笛《けいてき》を鳴らされたので、「おばちゃんライダー」への復讐《ふくしゅう》にめらめらと炎を燃やし、こんどはおれさまが鳴らしてやるわいと、これまたやる気満々なのだ。

　ここからの旅は、一気にスピードアップしそうだった。なんといっても芭蕉には、ママチャリという強力な武器がある。ギアなしの自転車でも、かなりのスピードを出せるだろう。かたやわたしもバックパックをかつがなくてよいので、すたすたと大股《おおまた》で歩ける。わたしも芭蕉もはりきって、希望に胸をふくらませながら柏原市役所を通りすぎ、大和川《やまとがわ》にそって国分《こくぶ》に向かった。このあたりは、土地勘があるから気が楽だ。日本ではガイジンというだけで、じろじろと見られる。が、たいして変わりはない。わたしはこうした扱いに慣れていたので、さほど気にならなかったが、芭蕉はかなり居心地が悪そうだ。

「どこへ行っても、じろじろ、じろじろ。なんだよ、もう」

　やがて山中に入り、ブドウを売る屋台の前を通りすぎて、奈良県に入った。ギアがない自転車なので、上り坂ではいちいち降りて押さなければならず、芭蕉は不満たらただった。

「ちっくしょう、ギアつきにすりゃあよかった。あのときは、そこまで頭が回らなかったんだ。なあクレイグ、ペダルでこぐ自転車を、なんでプッシュバイクって言うのか、おれ、よーくわかったよ。いちいち降りて、押《プッシュ》すからだな」

　平地や下り坂ではとても芭蕉に勝てないが、上り坂ならこっちのものだ。こうしてわれわれは山を抜け、奈良盆地の西側に出た。南北に延びただだっ広い盆地で、どこもかしこも都市化の波に洗われており、めざす目的地がはっきりと見てとれる。向かって南東に第六番札所の壺阪寺《つぼさかでら》が、はるか遠くの谷間に第七番札所の岡寺《おかでら》が見え、ちょうど向かいにあたる東の谷間には第八番札所の長谷寺《はせでら》、さらに北東の奈良市には第九番札所の南円堂《なんえんどう》と、四つの寺が近くにまとまっている。

それにしても、往来が激しいのに歩道がない道をえんえんと何キロも歩かされたあげく、道路と同じぐらい幅のある歩道や、道路よりも広い歩道が一、二キロ現れるのは、どう考えても腑《ふ》に落ちない。ひき殺されたり、手足をもがれたら大変だと、何時間も神経をはりつめてようやく、ほんの数十分ほっと息をぬき、からだの心配をせずに歩くことが許される——という状態のくりかえしだ。なぜ、こんな理不尽なことがまかりとおるのか。わたしと芭蕉はない知恵をしぼって、ある結論に達した。名づけて『平均歩道理論』である。

「クレイグ、わかったぞ。おれ、ひらめいた」

この道路問題について、まずは芭蕉が自説を披露《ひろう》した。ちなみにこのときわれわれは、スピード調整の問題もかかえていた。いくら足が速いわたしでも、自転車をさっそうと飛ばす芭蕉には追いつけない。

「よーし、聞こうじゃないか」

「きっと国土交通省かどこかに、歩道企画部ってのがあるんだ。そこのお役人が、日本国民に歩道を提供する、という一大事業をおおせつかった上司のために頭をひねって、平均歩道幅というアイデアを思いついたんだ。つまりだな、一メートル幅の歩道を一〇〇〇キロ作るかわりに、一〇メートル幅の歩道を一〇〇キロ作って、残り九〇〇キロは歩道なしにしても、つじつまがあうようにしたってわけよ。これなら、平均歩道幅は一メートルだって、胸をはって上司に報告できるだろ、なあ?」

「つまり、だれかに突っこまれても平気なように、理論武装してるってわけか? 九〇〇キロも歩道がないのに?」

「そうそう、そのとおり。しかもだ、知り合いの町に一〇メートル幅の歩道を一〇〇キロ作って、工事も知り合いの建設会社にまかせるって寸法よ」

「ふむふむ、なるほど、芭蕉くん。いわゆる袖《そで》の下をもらうんだな。おかげで日本の子どもたちは、歩道のない道路を歩いて学校に通わされるわけか」

「要するに、世の中万事、先立つものは金ってことよ」

＊

大和高田《やまとたかだ》に向かって進んでいたとき、何を思ったのか、芭蕉が突然ゲラゲラ笑いだした。

「な、なんだよ」

「ショーウィンドーに映った姿を見たら、もうおかしくって。なあクレイグ、おれたち、かなりみょうちきりんだぜ。おまえったら杖を派手に振りまわしてさ、まるで風車を相手に槍を振りまわすドン・キホーテみたいだ。とすると、おまえの荷物を運ぶおれはサンチョ・パンサか。忠実だが、少々脳たりんの従者かよ」

「ドン・キホーテねえ」

ドン・キホーテにたとえられて、喜んでいいものか、悲しんでいいものか。複雑な心境だ。でも芭蕉がサンチョ・パンサになってくれるというなら、それも悪くない。

「いや、おれはドン・キホーテより、花山《かざん》天皇がいいな。退位したあと、巡礼の旅をして余生を過ごした日本の天皇だよ」

「ばか言え、クレイグ。おそれ多くも天皇だぜ。従者なんて二万人近くいただろうし、歩くこともなかったろ」

「そりゃあ、そうだ。どこへ行くにもお輿《こし》に乗ってしずしずと、だろうよ。それなら、巡礼に出る中世の大名ってのはどうだ？　忠実な侍を引きつれて、そいつに荷物をぜんぶ持たせてさ」

「ああ、それなら、ケンペルの本にも出てくる。従者を山ほど引きつれた大名の『巡礼行列』を見たんだと。全員が通りすぎるまで、三日かかったこともあるらしいぜ」

「おおっ、それそれ、それだ。よし、芭蕉くん、今日からおれは、巡礼中の大名さまだ」

わたしは、ショーウィンドーに自分の姿を映してみた。菅笠に白衣、金剛杖もある。雰囲気だけは、大名だ。

すかさず芭蕉が、茶々を入れた。

「なんだよおまえ、ずいぶんケチな大名だな。従者がたった一人かよ。しかも、ママチャリに乗った従者だぜ」

＊

大和高田を出たところで、腹をすかした巡礼の「楽園」が目の前に現れた。

「おい、芭蕉、ちょっと待て。あれを見ろ」

「なんだ、あの看板？」

「食べ放題だ。好きなだけ、食っていい店だよ。しかも九百五十円だと。やった、しめた」

看板をしげしげとながめるわれわれを見て、シェフ用の白い帽子とエプロンをつけた若い女性が、どうぞとばかりに出てきた。

「おい、食べ放題の店ってだけじゃない。おれたちを歓迎してくれてるぞ。すばらしい、夢のようだ。ふつう食べ放題の店で、ガイジンは敬遠されるんだけどな」

「えっ、なんで？　店の一日分の売り上げが吹っとぶからか」

「ご名答」

さっそく芭蕉のママチャリを窓ガラスのすぐそばにとめて、われわれは一時間ほど大いに食べて、大いに飲んだ。ベジタリアン《菜食主義者》の芭蕉は野菜がたっぷりとれると涙を流さんばかりに喜び、わたしも肉をモリモリ食べられて幸せだった。食事中にふと見ると、背の低いおばあさんが芭蕉のママチャリをしげしげとながめていた。前から見ても後ろから見ても、「南無大師遍照金剛」と書かれたバックパックがやたらとめだつ。はて、どなたさんの自転車かねえ、と窓ごしに店内をのぞきこんだおばあさんは、暗い店内に目が慣れるまでじーっと見つめたあげく、ほんの目と鼻の先で愛想よくニコニコと笑いかけるガイジン二人組に気づいて仰天し、目をひんむいて心臓発作を起こしかけた。

腹ごしらえを終えたあと、われわれは南に進み、奈良盆地の南にある凹凸《おうとつ》の激しい丘陵地帯にさしかかったところで、ある問題に直面した。ごぞんじ「納経所は五時まで」問題だ。

ただし今回は、画期的な攻略法がある。わたしは芭蕉に、納経帳を差し出した。

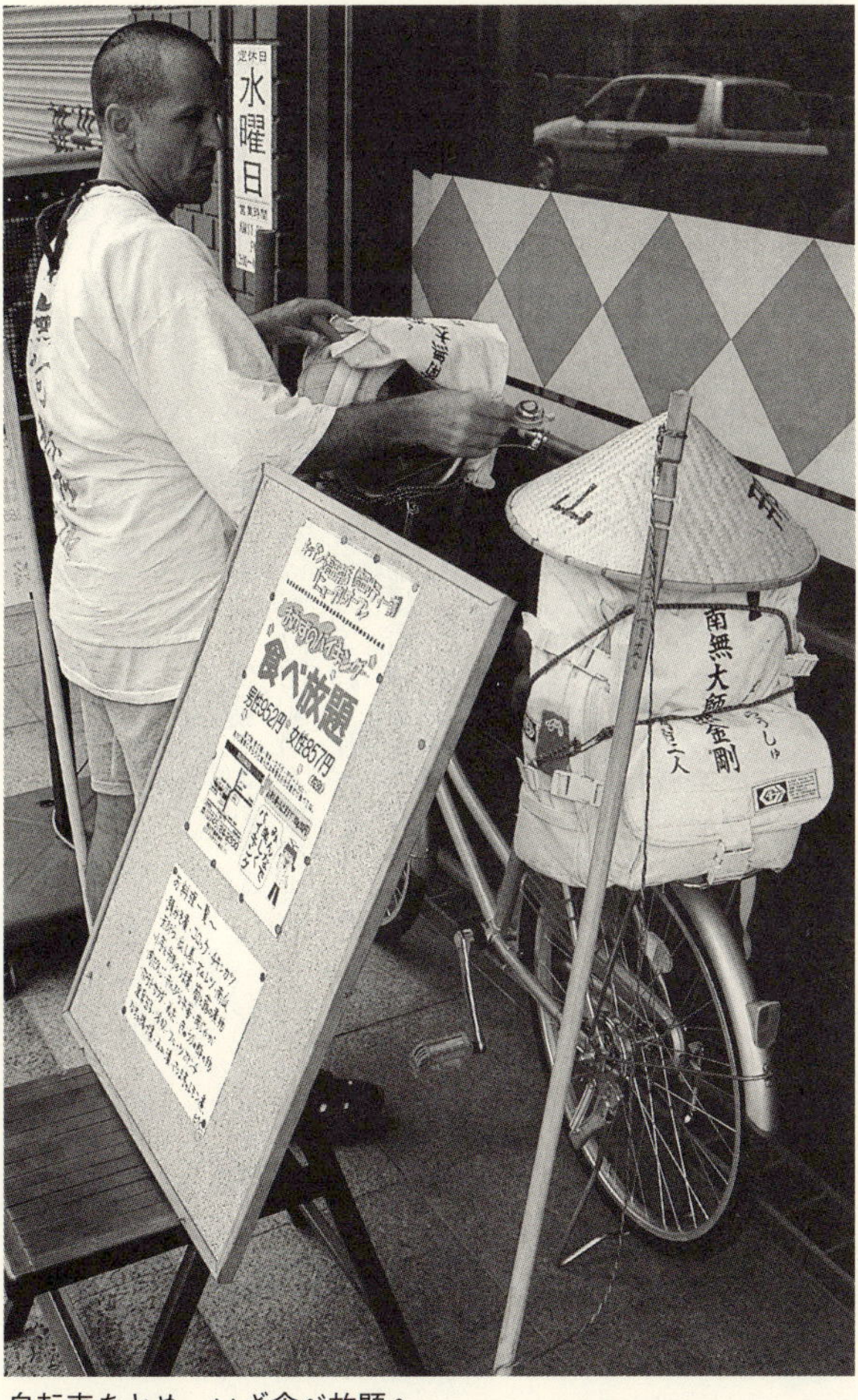

自転車をとめ、いざ食べ放題へ

「これを持って、壺阪寺《つぼさかでら》（壺阪山南法華寺）まで先に突っ走ってくれ。おれはこのまま、歩いていく。で、おれが五時に間にあわなかったら、おれの分まで朱印をもらって待っててくれ。おれも全力で向かうから。これなら、足止めを食らう心配もない。お参りをすませて、先に進める」

ほいきた、まかせろと、芭蕉は重大な任務を遂行《すいこう》すべく、はりきって飛んでいった。

時刻は、午後四時過ぎ。われわれは壺阪山駅のそばに来ていたが、肝心の寺はここからゆうに四キロはある。歩きだと五時すれすれだが、いまの芭蕉にはママチャリという心強い味方がいる。余裕で五時前に着けるだろう。ただし、一つだけ心配なことがあった。寺までは、上り坂がつづく。実際に歩いてみてわかったのだが、西国三十三か所の霊場はほとんどが、山中か高台の上にある。観音さまは上方から民を見下ろすものと決まっているので、当然ながら寺は民の頭上より高い位置に作られたわけだ。しかも、芭蕉のママチャリにはギアがない。えんえんとつづく山道を、えっちらおっちら押していくしかない。

この日も暑く、一日中芭蕉を追いかけたので、わたしは正直なところヘトヘトだったが、大股にずんずん進んだ。そこへ運よく、寺へ近道できるハイキングコースが現れた。おそらく、何世紀も踏みしめられてきた古《いにしえ》の巡礼道だろう。わたしは迷うことなく近道に入り、小川にそって歩いたあと、急な上り坂を必死に登って、あっけないほど早く寺のすぐそばに出た。汗だくで、からだじゅうどこもかしこもベタベタだったが、それでも大成功だ。時刻は四時四十五分。納経所が閉まる五時まで、まだ時間がある。

ところが驚いたことに、境内《けいだい》に入るだけで五百円もの拝観料を取られることが判明した。わがチームの財布は芭蕉が持っているので、きっと二人分払ってくれたはずだと思いきや、

「いえ、ガイジンさんはどなたも通ってません。どなたからも、あなたの分までもらってませんよ」

と係の女性にぎろりとにらまれた。そこでわたしは、ひとまず事情を説明した。

「申し訳ないんですが、わたしの財布はその友人が持ってるんです。わたしは、一円も持ってません。でも五時までに入らないと、納経帳に朱印をもらえないでしょ。頼むから、入れてもらえませんか。友人が到着したら、かならずお支払いしますから」

それにしても、芭蕉はいったいどこだ？　わたしの財布はもちろん、納経帳も芭蕉に預けたままだ。

こうしてわたしはなかば強引に境内に入り、インド風のエキゾチックな雰囲気をただよわせた大石堂を通りすぎて、本堂と納経所に向かった。

「あのう、ガイジンが一人、来ませんでしたか。巡礼の格好をした、くさい奴なんですけど」

「いやあ、ガイジンさんは見ないね」

どこだ？　いったい、どこにいる？　しかたなく、わたしは腰を下ろして待つことにした。なぜ、わたしの方が先に着いたのだろう。こっちは歩きで、芭蕉は自転車なのに――。五時に間にあわなかったら、どうするというのだ。

四時五十五分――。納経所があと五分で閉まるというときにやっと、芭蕉が息も絶え絶えにやってきた。わたしを見て、仰天して目を丸くする。

「お、おまえ、どうやって来たんだよ。ひでえ坂だぜ。ビューービューー風が吹くし、ずーっと上り坂だし。しかも、ギアがないんだぜ。はるか下から、押して登るしかない。これじゃあ、歩いたほうがよっぽど速い。しかもだぜ、入り口のおばさんに千円もふんだくられた。五百円って書いてあるのによ。だいたい、何で金を取るんだよ」

「寺の見学代だな。千円とられたのは、おれの分も入ってるからさ。じつを言うと、

壺阪寺の、よく似た友と

この寺には目が見えないお年寄りのための施設があるんだ。インドでハンセン病患者を助ける活動もしている。だから、人様の役に立つ寄付なんだ」

「ふーん、で、おまえはどうやってここに来た？」

「古い巡礼道を見つけたんだ」

とりあえず五時前に朱印をもらってから、二人そろって本堂の外にすわりこんだ。もう、急がなくてもいい。ひとまず、休憩だ。

壺阪寺は『壺阪霊験記《れいげんき》』という伝承にちなみ、眼病にきく寺として知られている。昔、壺阪寺のふもとに座頭の沢市とその妻お里が住んでいた。お里は沢市の目が見えるようにと壺阪観音に夜ごと願かけに行ったが、いっこうに奇跡が起こらない。それを知って沢市はこれ以上妻に苦労をかけられないと谷に身を投げる。お里もそのあとを追うが、観音の霊験によって二人とも生き返り、沢市の目も見えるようになった——という伝承である。

＊

帰り道、わたしは例の巡礼道を、芭蕉は自転車で例の山道を、おたがいにかけ下りて競走した。古い巡礼道が山道と合流する地点に先に着いたのは——なんと、わたしのほうだ。そして二十秒後、キーキーッという耳ざわりな音と、チリリンというベル

壺阪寺の、よく似た友と

の音が聞こえてきた。もちろん、芭蕉だ。下り坂でブレーキをかけながら、記録的なスピードを出して興奮し、しきりにベルを鳴らしている。そのまま芭蕉は菅笠を風に飛ばし、頭の後ろではためかせながら、脱兎《だっと》のごとく猛スピードで下りてきた。われわれを庭からながめていたおじさんは、口をあんぐり開けたまま、声もなく、ただひたすらながめている。

芭蕉はわたしのところまで来ると、またしても文句を並べたてた。

「ええいっ、ちくしょう！　ケツが痛え！　足はかなりよくなったのに、こんどはケツかよ。あの病院にもう一度行って、看護婦たちにケツを見せてやろうか」

「美人だが、意地悪な看護婦にか。足だってさんざん突つかれたくせに、ケツを見せたらどうなるよ」

とたんに芭蕉は恐怖におののき、ブルブルッと身震いした。

このあとは、まともなスピードで駅に向かった。駅の隣に「インフォメーションセンター」とドアに書かれたタクシー会社の事務所があった。前にも書いたが、タクシー運転手ほど地元にくわしい人はいない。そこでさっそくたずねてみたら、おじさんが一人いびきをかきながらお休み中だった。もう一人のおじさんがわたしと芭蕉を見て、ぱっと立ち上がる。

「あのう、この辺に銭湯はありませんか」

というわたしの質問は、予想外だったようだ。おじさんはグウグウ寝ている相棒をたたき起こし、あれこれ相談したうえで、貴重な情報をもたらしてくれた。このまま四・五キロほど進めば、橿原神宮《かしはらじんぐう》駅のそばに銭湯が一軒あるらしい。

「おたくたち、どこに泊まるの」

うたた寝をじゃまされたおじさんの質問には、どう答えたものか。野宿するのだ、と本音を言うか言わないか、五分五分の賭《か》けになる。相手が野宿を良しとするか、ダメとするか、予想して決めるしかない。この人ならだいじょうぶそうだと思って、今回わたしは本音を言うことにした。銭湯の場所をすぐに思いだしたほどだから、ひょっとすると野宿の候補地もぱっとひらめくかもしれない。

「野宿します」

「えっ、なにぃ？」

かなり不満そうな言い方だ。

「あのう、野宿です」

「なんてこった、野宿だと！」

しまった、野宿反対派だったのか。しかしありがたいことに、ここでもう一人のおじさんが助け船を出してくれた。

「ほう、すごいじゃないか。歩き巡礼さんだね。そりゃあ、えらい。もともと巡礼ってのは、歩くもんだものねえ」

そのおじさんは、なにやら考えこんだ。

「うん、そうだな。あのね、橿原神宮の先の銭湯で一風呂浴びたら、神宮のそばに公園がある。そこで野宿しなさいよ。あそこなら雨が降っても、雨宿りできるから。すぐ隣は二十四時間営業のコンビニだから、ちょうどいいしね」

我ながらグッドアイデアだ、とおじさんは悦《えつ》に入《い》り、芭蕉は歓喜に酔いしれた。それもそのはず、食料と風呂と宿という三大難問がいっぺんにかたづいたのである。あまりの幸運に、芭蕉は恍惚《こうこつ》の表情を浮かべて一言のたもうた。

「す、すばらしい！」

「おい、待てよ、話がうますぎる。そううまくは、いかないんじゃないの」

＊

夕闇がせまるなか、猛スピードですっ飛ばす車とすれちがいながら、わたしと芭蕉は教えられたとおり、北に向かった。足が痛い。自転車の芭蕉に追いつくだけで、一苦労だ。とそのとき、シルバーのヤマハのバイクに乗った男性が一人、われわれを見て、タイヤを鳴らしながら急停車した。何か言われるのか、とわたしは内心うんざりした。はたして、男性はヘルメットを脱いで声をかけてきた。髪の縮れた、三十前後の男性だ。

「どちらへ行かれるんですか」

「銭湯へ」

そういう意味でないのは、百も承知で答えた。

「えっ？」

「銭湯へ行くところなんです。橿原神宮駅を出たところに、銭湯があるって聞いたもので」

「ああ、なるほど、ありますよ」

そのあと「お国はどちらですか」というお決まりの質問をされたので、わたしはいつものように答え、ついでに「西国三十三か所を巡礼中なんです」と、いままでいやになるほどくりかえした説明もしておいた。

「うわあ、それはすごい！　銭湯まで、ご案内しましょうか」

断る理由が、どこにある？　いままでも、自転車に乗った従者を引きつれる身だ。バイクに乗った従者が増えても、かまうまい。こうして、白衣姿のガイジン歩き巡礼のわたしと、同じ白衣姿のガイジン自転車巡礼の芭蕉と、バイクに乗った縮れ毛の日本人という、世にも珍しい三人組が誕生した。しかも徒歩、自転車、バイクとばらばらなのに、全員足並みをそろえようというのだから、ただごとではない。芭蕉はさっきから、ゲラゲラと笑いころげていた。

「よう、クレイグ、おまえ、いっぱしの大名になったじゃねえか！　家来が二人だ。しかも一人は、バイクだぜ。おいおい、おれたち、新興宗教を始められるかもよ。映画のフォレスト・ガンプでさ、アメリカを走って横断するフォレストを、みんな訳もわからず追っかけるシーンがあっただろ。おれたちだってこのまま行きゃあ、日本人がぞろぞろと、ついてくるかもよ。うひゃあ、すげえや！」

さらに芭蕉は、バイクに乗った目の前の日本人に伝えてくれよ、とわたしに念を押したうえで言った。

「おれ、ハワイではＢＭＷのバイクに乗ってるんだ。こんなママチャリにばかり、乗ってるわけじゃねえってこと、ちゃーんと言っといてくれよ」

ヤマハのバイクに乗った相棒が、うらやましくてしかたがないようすだ。

新顔のバイクくんは、こっちにあわせてゆっくり走るのに四苦八苦し、よろめいてばかりいた。二五メートルから三〇メートルほど疾走しては、追いつくのをじっと待つ。下り坂ではエンジンを切って、重力に身をゆだね、両足を突っぱってバランスをとろうとする。さらにバイクくんは、銭湯ではなく我が家へ来てくれ、と言い出した。

「親父《おやじ》もお袋も大歓迎して、食事をお出ししますよ。きっと一晩、泊めてくれますから」

それでもわたしは、頼むから先に電話してくれ、ガイジンが二人も行っていいか確認してくれ、そのほうがきみの身のためだ、とかんで含めるように言いきかせた。それでもバイクくんが聞く耳を持たないので、最後には無理やり電話させた。

その間に、なぜそうまでして無理に電話させたのか、芭蕉に説明してやった。

「何も言わないで、突然ガイジンが二人も押しかけたら、お母さんがどんな顔をするか、見たくないよ」

わたしにせがまれてしかたなく、バイクくんは携帯電話で家族に事情を説明した。

「お袋はちょうど、夕食の支度をしてるところでした。ビールを冷やして、風呂を入れておくそうです。親父も、ぜひいらしてくれって言ってました」

「おい、クレイグ、お姉さんか妹さんがいないか、聞いておけ。こんなにうまくいくなんて、夢みたいだ」

頼みもしないのに歓待してくれるなんて、なんて運がいいんだろうと、芭蕉はすっかりまいあがっていた。

バイクくんの案内で、われわれはにぎやかな奈良盆地の裏路地に入り、左へ右へ、さらに左へと曲がった。予定のルートからは少々はずれるが、文句を言ったらそれこそ罰《ばち》があたる。

「なあクレイグ、こいつ、新米のくせに先頭を行くなんて、従者じゃなくてお殿さまって感じだな」

バイクくんの言葉に嘘はなく、ご両親はわずか十五分前に連絡したばかりなのに、もろてをあげて歓迎してくれた。お母さんがせっせと料理を作ってくれ、お父さんといっしょにビールと焼酎《しょうちゅう》と酒を飲む。西国巡礼中だと打ちあけたら、お父さんは身を乗りだした。

「ほーう、でも、なんで歩くのかい？　しかも野宿なんて」

「バスや電車で寺を回ったら、何の苦労もないでしょ。それじゃあ、休みをとるのとおんなじです。僕らにとって、巡礼は修行なんですよ。休みをとるだけじゃ、人生の勉強にはなりっこない。ホテルや旅館に泊まるのも、そう。安易だし、安心するにもほどがある。意味がありませんよ。弘法大師は肉体的な困難を乗りこえて、はじめて悟りを開いたはずです。バスで巡礼して、旅館に泊まったら、乗りこえる困難がないじゃないですか」

　というわたしの答えに、お父さんはなるほど、とうなずいた。いや、うなずいたどころか、いたく感激してくれた。そこでわたしは、誘ってみることにした。

「あのう、よかったら、明日いっしょに歩きませんか」

「いやいや、まさか！　遠慮しとくよ。今日、お二人がどのくらい歩いたか、わかるからねえ。わたしの会社は柏原の近くでね。ここまで電車で、一時間以上かかるんだ！」

　このお父さんはニュージーランドに一週間のツアーで行ったことがあり、しきりに写真を見せてくれた。たった一週間の旅なのに、それだけでニュージーランドはおれにまかせてくれ、と言わんばかりの態度だ。しかもツアー中、ニュージーランド人とは一言も口をきいていない。ニュージーランドはもちろん、世界各地をだいぶ旅行したそうだが、どれもみな一週間のツアーで、そのくせ「わたしは国際的なんですよ」と胸をはる。おれは国際人だ、という自負があるらしい。

　歓待してもらう身で悪いから、さすがに口にはできなかったが、わたしは胸のなかでひそかに毒づいた。

「たった一週間、ツアー旅行でニュージーランドに行っただけでは、ニュージーランドのことなど何一つわかりっこない。巡礼バスツアーと同じじゃないか。壁にぶちあたったり、ためになる経験が何もない。ツアー旅行は、安心なだけだ。たしかに何の心配事もないから安全だけれど、ワクワク、ドキドキ、ハラハラがない。旅行会社が見せるものを、ただひたすら見て回るだけ。第一、ニュージーランド人と話をしないで、ニュージーランドの何がわかる？　たった一週間、日本人の添乗員や日本人の現地ガイドにくっついて歩いて、日本食レストランで食事をして、日本人の店でお土産を買って、いったい何を学ぶっていうんだ？　安心は安心だけれど、それで国際人なんて、フン、笑わせるな！

他の国のことを知りたいなら、今の日本の若者を見習えばいい。日本の若者のように、ワーキングホリデーのビザを取って、カナダやオーストラリアやニュージーランドに行けばいい。帰りの飛行機のチケットだけ買って、海外で一年過ごし、未知の世界に飛びこめばいい。言葉の壁を乗りこえて、住む場所を一から自分で探して、友だちを作っていく。それでこそ、国際人というものだ」

でもこれだけお世話になった以上、さすがにそこまで言えなかった。

＊

翌朝の午前七時半、すでに気温は三十三度だ。天気予報だと、三十七度まで上がるらしい。とにかく、暑い。バイクくん一家は驚くほど親切で、見知らぬ旅人につくしてくれた。心からお礼を言って、玄関で記念撮影をする。

「こんなにうまくいくなんて、夢みたいだ」

　と芭蕉は、昨晩と同じ言葉をまたくりかえした。

　われわれはバイクくん一家と別れたあと、岡寺《おかでら》駅に向かい、そこから第七番札所の**岡寺**（東光山龍蓋寺）がある山へ入っていった。最後の上り坂はかなりきつく、おまけに猛暑にたたられて、わたしも芭蕉も汗だくになった。

　岡寺は厄年《やくどし》の参詣者を守ってくれる、いわゆる厄除《やくよ》け寺である。男性の厄年は四十二歳で、前厄が四十一歳、後厄が四十三歳。芭蕉はちょうど四十一歳だから、本堂で念入りにお祈りをしたのは正解だろう。月曜日の朝、境内にはほとんど人影がなく、石段をそうじするおばさんぐらいしか見かけなかった。おばさんは「おはようございます」と丁寧に挨拶してくれた。

*

　次にめざす北方の長谷寺《はせでら》は、たった一三キロしか離れていないのだが、わたしは機嫌が悪かった。自転車に乗った従者に追いつくのは、大変だ。足が痛くて、しかたない。しかも三十五度をこえる猛暑のなか、一日に八時間から十時間も歩いたせいで、股《もも》やナニが赤くただれてしまった。芭蕉に言わせれば、重度の「いんきんたむし」だそうだ。そのうえ、腹の調子も悪い。筋肉痛やらナニの痛みやら、全身あちこち痛みだらけで、なんとか気をまぎらわせるため、芭蕉と二人で雑学の知識を競うゲームをしながら、わたしは必死で歩いた。しかしどうしても、やる気が出ない。かたや芭蕉はママチャリに乗ってからというもの、ぴたっと文句を言わなくなった。

周囲の景色が、田舎から都会へと変わっていく。右に折れて国道一六五号に乗ったとたん、中古の自転車屋が現れた。店の外には、ギアのない黒のママチャリが置いてある。値段も六千五百円とお手頃だ。これには、心がかなり揺れた。我が従者の芭蕉は生意気にも自転車を乗りまわし、主であるわたしを苦しめている。こうなったら、従者の芭蕉に自転車を捨てさせるか、主であるわたしも自転車に乗るしかない。しかし、あの芭蕉がせっかく手に入れた「自転車巡礼」の地位を、そうやすやすと手放すだろうか。いや、弱気は禁物だ。なにを隠そう、このわたしは、これまで日本を歩いて縦断したし、四国でも誘惑に打ち勝ってみごとに歩きとおしたではないか。西国巡礼も、歩きとおせるに決まっている。

「いや、いかん。自転車なんか、だれが買うもんか」

と頑固《がんこ》に言いはったら、大バカ野郎のコンコンチキめ、と芭蕉に罵倒《ばとう》された。

すこし先に大きなスーパーマーケットがあり、だだっ広い駐車場へガードマンが車を誘導していた。そのガードマンが車に出した指示にしたがって、われわれも中に入ったら、ガードマンは大笑いして敬礼してくれた。このマーケットの薬局で、われわれは「いんきんたむし」治療の軟膏《なんこう》と、日焼け止めと、芭蕉の足にはる絆創膏《ばんそうこう》と、飲料水を確保した。

店の外にすわりこんで休憩しながら、わたしはすっかり意気消沈《しょうちん》した。股やナニが見るも無残に赤くただれ、痛いのはもちろん、かゆくてたまらない。これでは、やる気を出せというほうが無理だ。猛暑もこたえる。大阪に入ってからというもの、西国巡礼は「都会」巡礼と化した。少なくともあと十日間は、都会をめぐることになる。十日間は無謀なドライバーにひき殺されないよう、細心の注意をはらいつつ、排気ガスにまみれてヒリヒリと痛む目をこすりながら、歩道のない道を歩くしかない。建物が密集した大都会、どこを見ても人間とビルばかりの大都会。わたしのように自然大好きなアウトドア派には、まさに地獄だ。この状態で西国三十三か所を歩きとおすなど、酔狂《すいきょう》以外の何物でもない――と、わたしは自分に言いきかせた。

「よし、決めた。やっぱり自転車を買おう」

「よっしゃ、そうこなくっちゃ！　これで自転車巡礼二人組の誕生だ！」

第五章

自転車巡礼二人組

——長谷寺から京都——

草臥《くたび》れて宿借るころや藤の花——松尾芭蕉、一六八八年

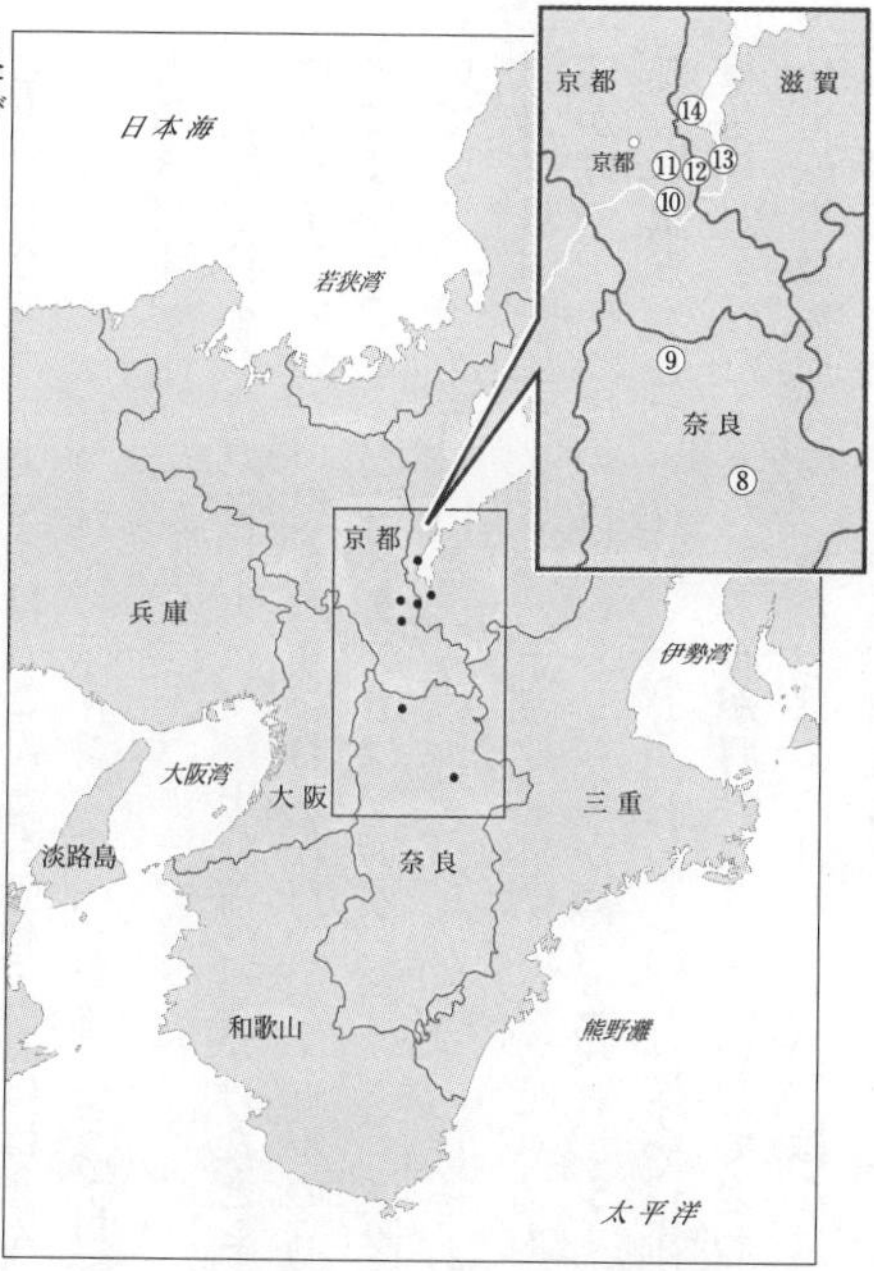

⑧長谷寺《はせでら》　⑨南円堂《なんえんどう》(興福寺《こうふくじ》)
⑩三室戸寺《みむろとじ》　⑪上醍醐寺《かみだいごじ》
⑫岩間寺《いわまでら》(正法寺《しょうほうじ》)　⑬石山寺《いしやまでら》
⑭三井寺《みいでら》(園城寺《おんじょうじ》)

"Worn out
I seek a lodging for the night
Wisteria flowers."

われわれは例のガードマンに敬礼しながら駐車場を出て、例の中古自転車屋に戻ることにした。ガードマンは、こんども愛想よくほほえんでくれた。

「あのガードマン、おれだけじゃなく、おまえまで自転車で通りかかったら、きっと噴きだすぜ！」

先ほど目をつけた自転車は、三十分前に見かけたときと寸分《すんぶん》たがわず、店の前に鎮《ちん》座《ざ》ましましていた。黒くぬりなおされた、ハンドルの高い中古の自転車で、乗りつぶすにはもってこいだ。スタンドはないが、バックパックを入れる買い物かごが前についていて、六千五百円という手書きの札がはりつけてある。二分ほど「すみません、すーみーまーせーんっ」と絶叫しつづけてやっと、なにやらにおいそうなタオルを首にかけた、のっぽの浅黒いおじさんがぬっと現れ、シートとハンドルを調整して、わたしに試乗させてくれた。でも、わたしの心はすでに決まっていた。この自転車は、わたしのものだ！　ハンドルが肩の高さとたいして変わらず、こんなにハンドルが高い自転車は初めてで、わたしはよろけてしまい、はなはだ不安の残る試乗だったが、

「二、三〇〇キロ走りゃあ、慣れるよ」

と芭蕉が励ましてくれた。

「じゃあ、買います」

と告げたら、おじさんはほくほく顔でニッと笑った。

わたしのバックパックを芭蕉のかごからわたしのかごに移し、その脇に金剛杖をはさみ、金剛杖を一メートル近くバックパックの上に突きだした格好で、わたしは再度乗ってみた。しかし荷物の重みが前のタイヤにかかり、先ほどよりもさらにぐらつく。さすがのわたしも自転車を買ったのが得策《とくさく》かどうか、だんだん心配になってきた。

「芭蕉よ、おれ、一時間もしないうちに、トラックにひかれてぺしゃんこになる」

「おいおい、なんだよ、クレイグ。冒険心はどこへ消えちまったんだ？　これで足も痛まずにすむ。いんきんたむしだってよくなるぞ」

中古自転車屋のおじさんにさようならと手を振ったら、大笑いされた。数分後に通りかかったスーパーマーケットで例のガードマンに敬礼したら、やっぱり大笑いされた。このガードマンにとってわれわれは、「本日の目玉」となるにちがいない。こうしてわたしは、これまで日本で経験した歩き旅では予想だにしなかったスピードで、谷間を快調に飛ばした。風に当たりたくて、わざとスピードを上げるわたしを見て、芭蕉が楽しそうに笑う。わたしが自転車に乗ってくれてよかったと、心底喜んでいるようだ。そんな芭蕉につられて、わたしも声を上げて笑った。おかげでようやく、やる気が出てきた。

＊

順調に進んで、長谷寺《はせでら》に向かう脇道に入った。わたしも芭蕉もやる気満々で、細い路地を自転車ですっ飛ばし、ずらりと並んだお土産屋や民宿や旅館を一気にかけぬけて、石段の下に到着した。長谷寺は見るからに、金回りがいい寺のようだ。わたしはこれまで日本の寺をたくさん見てきたので、裕福な寺とそうでない寺をだいたい見分けられる。

「どうやって見分けるか、教えてやろうか。まずは駐車場の大きさだな。それと、入り口にある公衆トイレを見れば、一発でわかる」

わたしの予想どおり、長谷寺の公衆トイレはこれまで見た寺のなかでいちばん立派で、ピカピカだった。

長谷寺（豊山《ぶさん》）は本来ならば、もっと霊験《れいげん》あらたかな寺のはずである。仁王門から本堂まで二〇〇メートルつづく回廊式の登廊は、巡礼の札がはられた柱とあいまって、荘厳《そうごん》な雰囲気をかもしている。しかし、柱に取りつけられたスピーカーから、録音された説明が流れてきて、「観光用の寺」という印象をぬぐえない。お坊さんや寺の従業員が山の上まで車で来ているのも、納得がいかない。なぜ一般の観光客のように、歩いて登らないのか。納経所でも朱印を押す係の女性を写真におさめたら、ちょっと、

長谷寺の回廊で

やめてよ、としかられてがっくりした。

このあとわれわれは、ついいましがた登ってきた谷間へいったん下りて、奈良盆地の東に戻ることにした。ゆるやかな下り坂で、ペダルをこがなくてもいい。長谷寺は期待したほどおごそかではなかったが、わたしはすがすがしい気持ちだった。そのまま北に向かい、細い裏路地を通って、国道一六九号に向かう。歩き旅のときは、ほんの二、三回、曲がり角をまちがえただけで膨大な時間を無駄にしかねないので、気楽には曲がれない。いやでも慎重になる。でも自転車ならば、気が楽だ。まちがえてもさっさと戻って、やり直せる。ただし自転車旅の場合は、即断即決しなければならない。道路標識をゆっくり確かめる暇もないし、トラックや車にひかれないよう身を守るのにせわしくて、歩き旅のときのようにボーッとする暇もない。しかもわたしは自転車を運転しながら、小型カセットテープレコーダーに旅の模様を吹きこまなければならないので、つい注意が散漫になり、あやうく田んぼに落ちるところだった。

「なあ芭蕉くんよ、今回の巡礼は、ずいぶんいい加減になってきたと思わないか。ひき殺されないように気をつけるので、手いっぱいだ。行き先まで、気にかけていられない」

どう通って寺に向かうか、道を選ぶのも行きあたりばったりで、じつにいい加減だ

長谷寺のありがたい朱印

った。

「白衣姿で、サングラスまでかけたガイジン二人組なんて、まるでブルース・ブラザーズの出来損ないみたいだな」

とわたしはこぼしたが、芭蕉はどこ吹く風で、やたらと機嫌がいい。

「これでやっとおれたちも、修行者から遊行者になれたってことさ、うん」

腹ごしらえをすませたあと、天理市をすいすいと通りぬけて、予定よりもずっと早い午後四時に、奈良公園と第九番札所の南円堂《なんえんどう》につづく狭い路地に入った。わたしの場合、徒歩なら時速五キロぐらいだと見当がつくのだが、ママチャリだとどのくらいのスピードが出るのか、予想がつかない。

芭蕉によると、

「そりゃあ、傾斜にもよるよ。上り坂なら、時速五キロもいかねえだろうな。でも平地なら、二倍から三倍のスピードが出る。ざっと計算して、一二キロから一五キロの間かな。下り坂なら、あっという間に距離を稼げるぜ」

「なんだか、予想とはぜんぜん違う巡礼になっちまったよ」

「巡礼の第二幕ってところか、ハハッ」

芭蕉は、やたらと元気がいい。

南円堂（興福寺）ではガードマンがていねいに道を教えてくれ、数百メートル先にいるガードマン仲間にわれわれが行くと連絡した。そのガードマンも満面に笑みを浮かべ、こちらが聞く前に気をきかして案内してくれた。さっそく自転車を止め、霊験あらたかな文言つきの荷物も置いて、石段を昇ることにする。

じつを言うとわたしは前にも、南円堂に来たことがある。しかしそのときは、ここに寺があるとは夢にも思わなかった。南円堂は奈良公園の五重塔の西にあたり、すぐそばにある東大寺と比べると、ほとんどめだたない。南円堂の存在に気づかないまま、素通りした観光客も多いだろう。かく言うわたしも数年前、家族みんなで奈良公園の鹿にえさをやっていたとき、偶然見つけた口である。南円堂は興福寺の堂舎の一つで、巡礼の札所に選ばれたのも南円堂そのものに見所があるというよりは、興福寺の一部という理由のほうが大きい。西国巡礼の札所にはめずらしい八角円堂で、弘法大師が自ら彫ったといわれる観世音菩薩を奉《たてまつ》っている。

＊

わたしも芭蕉もからだがだるく、本堂と仏塔の間の芝生に腰を下ろして、鹿とたわむれることにした。なんだこいつら、と八頭の鹿が近よってきて、この笠は食えるのかと菅笠を味見しだした。そのとき、小学生ぐらいの女の子を二人引き連れた英語の先生に目をつけられ、二十分も英会話の練習台にされた。このように日本では、ガイジンというだけで目をつけられ、利用されることがままある。

「おいクレイグ、おまえもずいぶん、憎たらしい皮肉屋になったなあ」

と芭蕉にはあきれられたが、わたしはこういう不心得者が憎くてしかたない。日本に長く住んでいるガイジンもきっと、同じように嫌がっているはずだ。

しかし、である。次に現れた不心得者は大歓迎だった。胸の深い谷間がよく見える、水もしたたるような美しい一人の女性がつと立ちどまり、完璧《かんぺき》な英語で話しかけてきたのだ。

「巡礼の格好で、何をなさっているんですか?」

見目麗《みめうるわ》しき女性の質問とあらば、当然、もちろん、喜んでお答えする。わたしも芭蕉も我先にと、あらんかぎりの声をはりあげて、

「巡礼ですっ！　西国巡礼！」

と絶叫した。

「まあ、青岸渡寺から歩いていらしたんですか。あたしも明日、行こうと思ってるんです。あたしは電車で、ですけれど。じつはわたし、青岸渡寺でできたんですよ」

「えっ、できた?」

「ええ、そこで授かったんですって。うちの両親が新婚旅行で青岸渡寺に行って、十か月後にあたしが生まれたもので。だから、どんなところか、この目で確かめようと思ってます」

「へーえ、そうなんですか。それにしても、英語がお上手ですね」

「あたし、スチュワーデスなんです。次のフライトを待っているところで、毎日英語の練習にはげんでいるんですよ」

美しきスチュワーデス嬢が駅へ去ったあと、わたしは芭蕉の視線を痛いほど感じた。

「はいはい、わかった、わかりましたよ。ガイジンというだけで目をつけられても、いやなことばかりじゃありませんよだ」

＊

もうすぐ五時だ。奈良公園のすぐ隣に、観光案内所がある。ここには英語の話せるボランティアのスタッフがつめているから、芭蕉にも出番があるはずだ。芭蕉は、シャッターを閉めようとしていた三人の女性をつかまえて、さっそく心得顔で質問をぶつけた。

「すみません、健康ランドを探しているんですけど。風呂があって、一晩泊まれる場所です。このへんにありませんか」

しかし「健康ランド」という日本語の部分の発音がわかりにくかったため、結局わたしが間に入って通訳するはめになった。芭蕉に質問された三人の女性たちは、たがいに顔を見あわせるばかりで、答えに窮《きゅう》していた。それもそのはず、ホテルや旅館ならお手の物だが、「健康ランド」はどこかなど、聞かれたことがないからだ。それでも、

「あっ、極楽湯よ！」

とさけんだ一人にあわせて、残り二人もうんうんとうなずいた。

「あそこなら夜通し開いてるから、たぶん泊まれるわね。ご紹介したことは、ないんだけど。ふつうはお寺への道を聞かれることが多いから」

その女性は地図を持ってきて、道順を教えてくれた。本来のコースをはずれるため、徒歩だと大騒ぎになるところだが、ママチャリのおかげで遠回りといってもたかが知れているのはありがたい。

そんなわれわれを、残り二人の片割れの女性がじろじろながめて、率直な感想をもらした。

「それにしてもおたくたち、変わってるわねえ。あっ、いいえ、べつに、そのう……」

「いいですよ、気にしませんから。わかってます」

奈良の道は往来が激しく、とてもペダルをこげなかった。どこを見ても、人人人、車車車だ。わたしは歩道をゆっくりと歩くモルモン教徒のガイジン二人を、あやうくひきかけた。

「なんか変だな。いつもならおれたちのほうが、自転車に乗ったモルモン教徒にひかれそうになるのに」

「なあクレイグ、あいつらをひきとめて、しばらく宗教について語りあいませんか、なあんて持ちかけたら、どんな顔するかなあ。おれたち、ちょうど白衣姿だし」

奈良駅を過ぎたところで国道二四号に入り、一、二キロほど南に行くと、女性スタッフの言葉どおり、左手に極楽湯が現れた。かなり大きな温泉施設だ。まだ六時前だというのに、食事、風呂、寝場所という三大問題を一気に解決できたのは、じつにありがたい。芭蕉は和歌山のユートピアを思いだしたのか、涙を流さんばかりに喜んだ。

「ああ、これで、ゆっくりできる。おれ、うれしい！」

「おいおい、芭蕉くんよ、捕らぬ狸《たぬき》の皮算用っていうだろ。そうは問屋が卸さないってもんだ」

などと、わたしはつい最近覚えたばかりの日本のことわざを得意げに披露した。しかもフロントの女の子の一言で、わたしの「ことわざ」は的中することになる。

「あのう、申し訳ないんですけれど、営業時間は午前三時までなんです。昔は二十四時間営業だったんですが、変更になりまして」

通訳してやったら、芭蕉は一気にしょげかえった。

「ええっ、じゃあおれたち、どうするんだよ」

でもわたしは、芭蕉ほどあわてなかった。いままでの日本の旅で、この手のハプニングなら、それこそはいてすてるほど経験したからだ。

「こうなったら、取るべき道は一つだな。ここで一風呂浴びて、食事をすませ、休憩室で午前三時まで寝る。で、追いだされたら次の寺まで、国道二四号ぞいに向かう。夜中だから車も少ないし、涼しいぞ。日が昇って暑くなったら、真っ昼間に寝りゃあいい」

芭蕉はまだ迷っていた。真っ昼間に本当に寝かせてもらえるのかどうか、わたしの言葉を疑っていたのだ。しかし現にいま、われわれは銭湯の受付にいる。しかもヘトヘトで、全身汗だくで、異様なにおいを発している以上、とにかく風呂に入ろうというわたしの提案に芭蕉はすぐにうなずいた。

極楽湯の風呂は、申し分なかった。内風呂も露天風呂も、たくさんある。サウナもあり、熱い湯も使い放題で、心ゆくまで浴びられる。それにしても月曜の夜だというのに、家族連れが多いのには驚いた。よちよち歩きの幼子《おさなご》が初めての銭湯に興奮し、お父さんといっしょに風呂につかってうれしそうにのどを鳴らしている。いろいろな風呂に入ろうと歩きまわり、あげくに水風呂にとびこんで、冷たい水に仰天し、ギャーッとすさまじい悲鳴が上がった。これには「ハハッ、やったか」とみんなで噴きだした。

「これでわかったろ。あわてて飛びこんじゃ、だめだ。まずはどんなお湯か、確認してからだぞ」

極楽湯の食堂で夕食をとりながら、芭蕉と二人でこの先の計画をねっている最中にも、同じ幼子が騒ぎながら走りまわり、周りにさんざん迷惑をかけていた。

この先の計画だが、いちばんいいのはやはり「夜中の三時まで寝てから出発する」という案だった。しかし二階の休憩室の看板は、なぜか「午前二時まで」となっている。なにもしていないのに、すでに一時間も睡眠時間をけずられてしまった。芭蕉は、真っ昼間にぜったい寝かせてくれるのなら、という条件で、しぶしぶわたしの案を受けいれた。

こうしてわたしは、広々とした畳の部屋でぐっすり寝こんだ。ところが真夜中に、まだたたき起こされてもいないのに、自他ともに認める「眠りの浅い」芭蕉が、ぶつくさ文句を言いだした――いびきがうるさい。歯ぎしりする奴もいる。ちくしょう、人の声もするぞ。

「ええい、くそっ！　まだ十二時だぞ！　こんな時間に起こされて、真夜中に出けって言うのかよ。二時までって書いてあったよな、クレイグ。二時までだろ」

「ああ、二時までだ。また変更になったのかな」

「あーあ、おれ、ほとんど寝てねえんだぜ。どうするよ」

「そうだなあ、三時まで一階で寝てから出発するか、それとも今すぐ出発するかだな」

「ああ、もう、なんてこった！」

芭蕉は頭をかかえた。

結局、夜中過ぎに極楽湯をあとにしたのだが、こんなに遅い時間なのにまだ家族連れが大勢のんびり風呂につかっていた。そんな家族を尻目に、われわれは自転車に荷物を載せて、国道二四号を北に向かってペダルをこいだ。夜中だけに往来は少なく、ひんやりとした夜気が気持ちいい。太陽がじりじり照りつける昼間より、だんぜん快適だ。夜中とはいえ、道路はこうこうと照らされ、走りやすい。

わたしは芭蕉のやる気をすこしでも引きだそうと、明るい声で話しかけた。

「芭蕉くんよ、さわやかだなあ！　あと六時間か七時間後にはどうなるか、考えただけでぞっとする。いっそのこと、毎晩夜中に走ろうか。昼間に寺で寝るってのは、どうだ」

ところが走りだして早くも五分後に、やる気がなえるようなハプニングが起こった。いや、ハプニングどころか、自転車巡礼にとって悪夢と言っていい。これ以上悪いことが、あるだろうか。十三時間前に買ったばかりだというのに、わたしの自転車の後輪が早くもパンクしてしまったのだ！　わたしの全体重が車輪のリムにかかり、痛くてとても走れたものではない。しかもスペアのチューブと空気入れを買うところまでは、気が回らなかった。あまりの運の悪さに、こんどはわたしが頭をかかえる番だった。

さすがにここでは、寝ようにも横になる場所がない。国道二四号は往来が激しいし、歩道で寝るのは芭蕉もわたしも二度とごめんだ。しかたなく、わたしは意を決して、タイヤがパンクした自転車を転がしてみた。車輪が一回転するごとに、リムから飛び出した空気弁が地面にあたってガタンと揺れ、尻が痛むが乗れないことはない。

わたしはガタゴトと走りながら、芭蕉に提案した。

「とにかく眠れる場所が見つかるまで、このまま行こう」

「チューブをビリビリに破いたり、リムをひん曲げたり、スポークをねじ曲げたら、どえらいことになるぞ」

さすがは芭蕉、バイクに乗りなれているだけに、二輪車にはくわしい。

タイヤがパンクしたまま、とにもかくにも走りつづけた。木津川《きづがわ》にぶつかったところで、国道二四号は橋を渡って国道一六三号に交差する。その手前の川の土手ぞいには、暗闇に向かって「サイクリングコース」も延びていた。われわれが選んだのは、もちろんこのサイクリングコースである。しかし夜中の二時過ぎでは、いかんせん暗すぎた。満天の星空とはいえ、いくら目をこらしても、どこが道だかわからない。これには、芭蕉もわたしもほとほと困った。とそのとき、「サイクリングコース」が急に折れて、川を渡ることになった。見れば橋には車が通れないよう、両端に金属製の柵《さく》がとりつけてある。その橋を渡る途中、わたしはパッとひらめいた。

「そうだ、橋で寝よう」

「えっ、この橋で？」

「そうさ。グッドアイデアだろ。車は来ない。涼しい風は吹く。おまけに、蚊《か》もいない！　かの弘法大師も泊まる場所に困って、橋のたもとで寝たことがあるそうだ。ならおれたちだって、橋の上で寝たって罰はあたらないだろ。雨も降りそうにないし、まさに言うことなしだ」

とたんに芭蕉は、目を輝かせた。

「おおっ、なるほど、すばらしい。おれ、変なところで寝た経験なら山ほどあるけど、橋は初めてだ」

「おれだって、生まれて初めてだよ。橋で寝たって、だれにも迷惑はかけないだろ」

というわけで、その晩われわれはカエルがゲロゲロ鳴く声を子守唄がわりに聞きながら、橋の上で堂々と寝た。

＊

早朝の四時四十五分、橋を渡りに最初の「お客」がやってきた。つづいて、犬を散歩させたり、ジョギングしたり、サイクリングしたり、後からどんどん、どんどん、人がやってくる。なかには、白い軍手に帽子をかぶって、なぜか後ろ向きに歩くおばさんもいた。通る人みんな申し合わせたように、マットを敷いてシーツにくるまり、橋の隅で眠るわれわれを、ものめずらしそうにじっと見つめる。いちおう橋の向こうにとめておいた自転車には、白衣を干して風に当て、金剛杖と菅笠もこれ見よがしに掛けておいたが、だれか気づいただろうか。

「おはようございます」

と声をかけられたので、

「おはようございます」

とさわやかに挨拶したところ、

「休憩ですか」

と聞かれた。

「はい、休憩です」

この格好で、いったい他に何をしているというのだ?

「アスファルトにじかに寝そべったら、熱くなってきますよ」

と別の人に言われた。

「ええ、すでに熱いです」

わたしも芭蕉も、すでに朝の五時ごろからサングラスをかけている。

飼い主と散歩にきた犬たちがそろいもそろって、われわれの脇を通るとき、くんくんと鼻をひくつかせた。そこで、芭蕉に鼻を近づけた一匹の犬に、

「こいつをかぐのは、やめたほうが身のためだよ」

とささやいたら、すかさず飼い主がぐいっとひもを引っぱった。

さわやかな朝だ。空は青く、太陽は明るい。目の前には緑の山が広がり、川のせせらぎが聞こえる。しかし、涼しい音を立ててせせらぐ川に、ゴミが山ほどあるのだけ

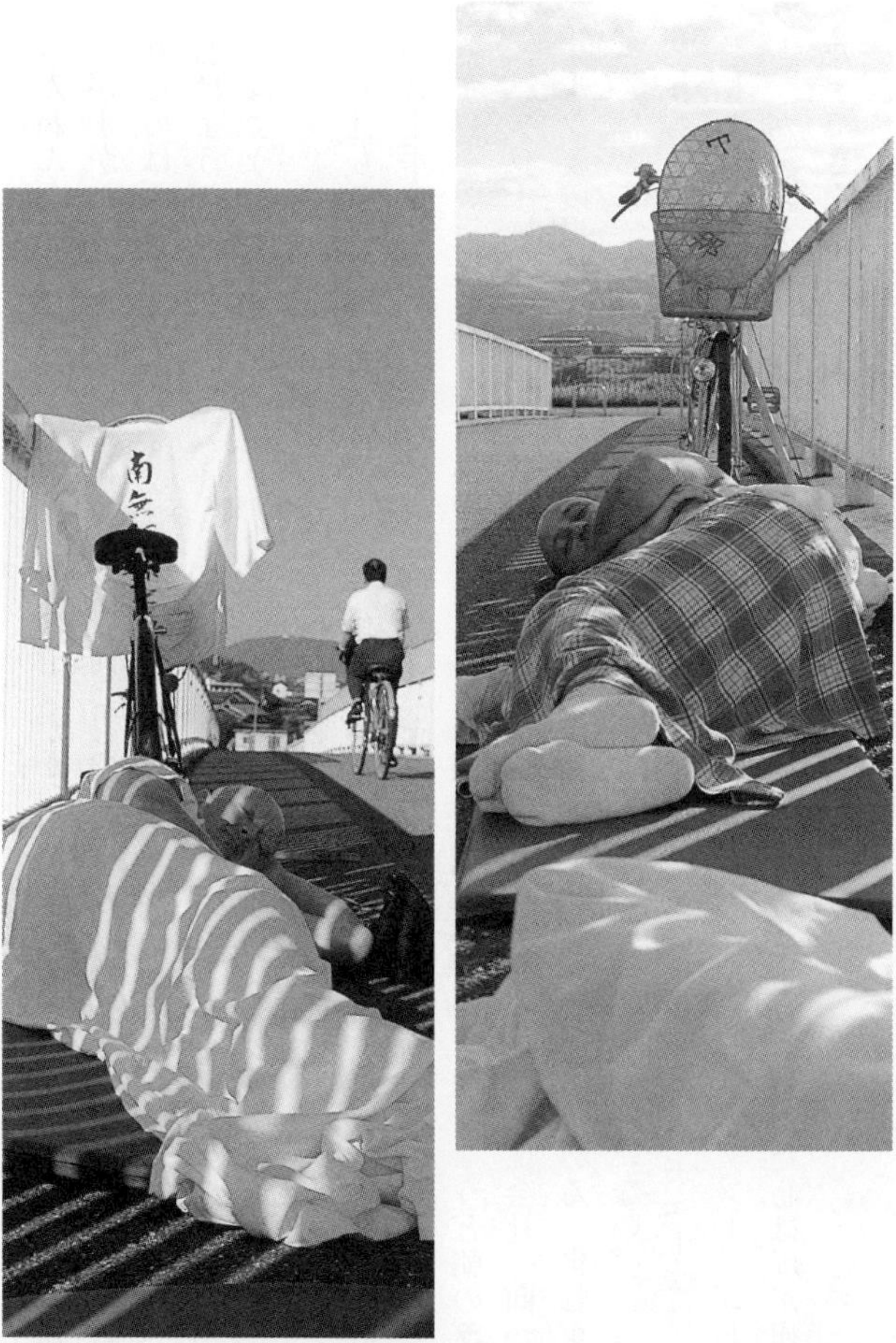

生まれて初めて、橋の上で目覚めた朝

はざんねんだった。橋のすぐ下に、草に引っかかったギターまで見える。でも、こんなすがすがしい朝だ。環境を無視した人間どもの傲慢《ごうまん》な態度に、さわやかな気分を害されるのはごめんだった。

「おはようございます」

「おはようございます」

*

この日もタイヤがパンクしたまま、わたしはガタンゴトンと自転車を走らせた。道ぞいに土手を走るのは、気分爽快《そうかい》だ。パンクを直すために都会へ向かうのが、悔しくてたまらない。地図で確認し、近くの木津川台駅に向かったところ、ちょうど朝のラッシュアワーにぶつかってしまった。今日一日をオフィスで過ごすために会社へ向かうスーツ姿の男性や、ぱりっとした服装の女性で、駅がごったがえしている。自転車屋さんはどこですか、などと質問しても、悠長に答えてくれそうな人はいない。

とりあえず何かあるだろうと、北に向かった。空気の抜けたタイヤのチューブは、わたしの全体重をもろに受けとめて、さぞ悲鳴をあげたことだろう。ガタン！　ゴトン！　ガタン！　ゴトン！　タイヤが一周するたびに揺さぶられて、わたしは尻が痛くなってきた。

途中、ガソリンスタンドを見つけて入ったら、オーナーとおぼしきお父さんとその息子さんは、われわれ「ガイジン自転車巡礼」を見て、べつべつの反応を見せた。お父さんは忙しいながらも気さくに笑いかけてくれ、タイヤを直してやれと息子さんに言ってくれた。いっぽうの息子さんは、お父さんと同じように忙しいがぶっきらぼうで、自転車のタイヤなどまっぴらごめんという態度で、これ見よがしにうめく。それでも親父の命令ではしかたないとしぶしぶ見にきたが、タイヤのチューブを見たとたん、こんどはゲラゲラと笑いだした。たしかに大きなつぎはぎだらけで、中古でもだれも買わなそうな品ではある。しかもタイヤに空気を入れ、ためしに水のなかで押してみたら、つぎはぎされた個所から盛大に空気がもれて、ボコボコと泡が浮くではないか。

「ちくしょう！　長谷寺の自転車屋のおやじ、タイヤが穴だらけの自転車を売りつけたな。よくぞ買ってくれたもんだと、腹の中で舌を出していたんだ」

業腹《ごうはら》だが、文句を言いに戻るわけにもいかない。ガソリンスタンドには自転車サイズのチューブがなかったので、息子さんはつぎはぎをなんとか直そうと奮闘《ふんとう》し、思うようにいかなくていらいらしてきた。その苦労には感謝するが、かなり不器用だ。すぐにまたパンクするのは、目に見えている。さあ、これでだいじょうぶ、と息子さんは胸をはったが、芭蕉もわたしもだめだと、なかばあきらめた。いつまでもつかは、時間の問題だ。

はたして二十分後、五キロほど進んだところで、またしてもタイヤがガタゴトいいだした。ガソリンスタンドまで戻って、さっき払った千五百円を返してくれと文句を言うこともできたが、わざわざ二十分も後戻りするのはしゃくだし、あのガソリンスタンドでタイヤが元通りになるとはとうてい思えなかった。それにしても、自転車を買ったその日のうちに二度もパンクのうき目にあうとは、ほとほとついていない。

しかたなく、またガタゴトと自転車を走らせていたら、十分後に偶然、自転車屋を見つけた。暗くて雑然とした小さな自転車屋で、建物はぼろぼろだったが、自転車の部品は何から何までそろっていた。人目につかない店のすみにチューブや部品がずらりとつるされ、コンクリートむき出しの床はオイルにまみれ、梁《はり》に自転車がぶら下げてある。必要な品は、すべてそろっている。あとは、直す人さえいればいい。そこで五分ほど「すみませんーっ」と金切り声をはりあげたが、何の返事もないので、すわって待つことにした。こうなったら、じっと待つしかない。

五分ほどたっただろうか。店の主人が白い小型の農業用トラックで帰ってきた。六十代とおぼしき主人は、まずタイヤを見て、次にわたしを見てから、おごそかに言い

ママチャリをあやつる自転車巡礼

はなった――もっと体重を減らさなきゃ、だめだね。

「おたく、体重はいくら?」

「九〇キロぐらいですけど……いや、九五キロかな」

「そもそも、それが問題だよ。このタイプの自転車は、七〇キロ以上の人を乗せるようにはできてないんだ。あんたが乗るんじゃ、空気を余計に入れんといかんな」

主人はチューブを点検し、こんな自転車を売りつけるなんて詐欺《さぎ》だというわたしの意見にすぐさま同意し、チッと舌打ちしつつ、穴だらけのチューブからつぎはぎをバリバリとはがしていった。

「タイヤ交換には手数料込みで三千円もらうんだけど、わざわざニュージーランドから来たってんじゃあ、二千円にまけといてやるよ」

「じゃあ、もしこいつの自転車だったら?　こいつはハワイから来たんです」

とためしにきいたら、主人は大笑いした。

「三千円だね」

この店の主人は正真正銘、自転車のプロだった。あっという間にタイヤを交換し、しかも前のタイヤのすり減っているところまでつぎはぎして、補強してくれた。作業が終わる頃、奥さんも顔を出し、そこへ待っていたかのように、にわか雨が降りだし

た。そこで、

「よかったら、お茶でも一杯飲んでいきなさいよ」

と店の主人に誘われるまま、わたしと芭蕉は座卓と冷蔵庫とストーブのある奥の部屋へあがりこんだ。この店はいまの主人で三代目で、主人のお父さんはおじいさんから一九二五年に引きついだそうだが、そのおじいさんがいつ店を始めたのかまでは知らないそうだ。

「京都と奈良の間で、うちはいちばん老舗《しにせ》の自転車屋なんだ」

と胸をはる主人に、奥さんがぼそりと言いそえた。

「そう、おまけに、いちばんもうからない自転車屋ね」

雨がやんだので、われわれは十時四十五分に旅を再開した。こんどは、なんの心配もない。店の主人は芭蕉の自転車も軽く点検してくれ、タイヤに空気を入れたうえ、わたしにもアドバイスをしてくれた――おたくの場合は、タイヤをパンパンにふくらませておくか、体重を減らしたほうがいいよ。あの自転車屋の夫婦はわれわれを見送りながら、ほがらかに声をあげて笑ったにちがいない。

国道を五分も進めば、なぜ西国三十三か所を歩く巡礼がいないのか、いやというほどよくわかる。たった五分で、交通事故の現場を二か所も目撃した。ちなみに一か所ではパトカーは来ていたが救急車はまだで、もう一か所では救急車は来ていたがパトカーはまだだった。どちらの現場もガラスの破片が路上に散乱し、流血の惨事を物語っている。そう、国道は死ととなりあわせの道なのだ。

この惨状を目の当《ま》たりにして、芭蕉もすこしは考えたらしい。

「なあクレイグ、これからはもうすこし、道路標識を守ろうぜ」

われわれは相談のうえ、国道二四号をできるだけ早くはずれて、宇治市に入り、第十番札所の三室戸《みむろと》寺《じ》に向かうことにした。

三室戸寺（明星山《みょうじょうざん》）は、庭師の手がだいぶ入っているにちがいない。境内も庭も、景観がすばらしい。これが春なら、咲き乱れる色とりどりの花々に目をうばわれたことだろう。これ見よがしに立てられた看板によると、三室戸寺の庭にはツツジが二百本、アジサイが一万本、シャクナゲが千本植えてあるそうだ。本堂の前にもハスのしげみがあり、真夏の今もなお美しい花を咲かせているものがあった。ハスの美しさはとうてい言い表せないので、つたない言葉を並べるのはやめておこう。

朱印をもらいに納経所へ行き、係のおじさんが窓を開けたとき、エアコンのきいた冷風にブワーッと勢いよくあおられて、わたしはのけぞりそうになった。初老の二人のおじさんたちはわれわれが「自転車巡礼」と知ると、時間をかけてていねいに寺号

三室戸寺の美しい花

を書き、朱印を押してから、満開の花に囲まれた寺の写真をプレゼントしてくれた。
この美しい寺では、命の洗濯をさせてもらった。

＊

三室戸寺を出たところで、われわれはまたしても土砂降りの雨にたたられ、コンビニで雨宿りをした。雷がゴロゴロと鳴り、稲妻が空を照らしだす。巡礼の旅に出てから、これで何度目の雷雨か。そのとき、暗闇をものともせずに走るビートルを発見して、芭蕉がうれしそうにさけんだ――「おおっ、ビートル発見！」

芭蕉にとっては、二台目のビートルだ。これで八・五対二となった。「・五」というのは、持ち主のユーモアのセンスがよほどひねくれているのか、さっきわたしが車のショールームで見つけたビートルが半分しかなかったからだ。さあ盛りかえしてきたぞ、と芭蕉は自信満々で、早くもビートル見つけ競争で逆転勝利をおさめる気でいた。

土砂降りの雨もようやく上がり、往来の激しい通りへくりだしたわれわれに、たまたま通りかかった車はさぞ眉をひそめたことだろう。なんで歩道がないんだよ、とぶつくさ文句を言いながら、狭い車道を走るわれわれを、危なくてトラックもバスも追いこせなかったからだ。

そんなトラックやバスを尻目に、芭蕉は涼しい顔で言いはなった。

「南無観世音菩薩、って背中に書いといて、ホントよかったよ。万が一、おれたちをひき殺したら、観音さまにたたられるってもんだ。なあ!」

三時十五分、上醍醐寺《かみだいごじ》（深雪山）への参道につながる広大な駐車場に到着した。手元のガイドブックには、上醍醐寺に向かう急勾配《きゅうこうばい》の上り坂について、読むのもおそろしいようなことが書いてあるが、メガネをかけた駐車場の気さくな料金係のおじさんや、灰色の袈裟《けさ》を着た若いお坊さんは、なあに四十五分で着きますよ、と意外なことをのたまう。料金係のおじさんは自転車を見はっていてあげようと申し出てくれ、さらにわれわれが参拝している間に、銭湯があるかどうかたしかめとくよ、とまで言ってくれた。白衣姿でやってきた二人のガイジン自転車巡礼にアドバイスを求められるなんて、めったにないから好奇心をそそられたらしい。

ついでに、わたしは一つ聞いてみた。

「あのう、雨は降りますかね」

「いや、降らんね」

きっぱり言い切るおじさんの言葉とは裏腹に、すさまじい雷鳴が緑の多い頭上の高台にはねかえった。

標識には、山上の上醍醐寺まで二・九キロ、所要時間六十三分とある。みょうに細かい数字に、芭蕉はぷっと噴きだした。

「人によって歩くペースはちがうだろうに。なんで六十分じゃなくて、六十三分なんだよ。おれなら、もっとかかるぜ」

くねくねと折れまがった道ぞいに進み、醍醐山のふもとにある下《しも》醍醐寺や、日本屈指の歴史をほこる五重塔を通りすぎた。この五重塔は九三七年に造りはじめたもので、ここで豊臣秀吉が花見の会をもよおしたらしい。壮大な花見の会で、招待客全員のために千畳もの畳が用意されたそうだ。やがて急な参道に入り、何世紀もの間踏みしめられたとおぼしき道を通って、森のなかを歩いていった。参道のほぼ全体にわたって、段らしきものがある。けわしくなるいっぽうの山道をえっちらおっちら登りながら、わたしも芭蕉も滝のような汗をかき、全身汗でベタベタになった。参道の中頃で、目の見えない人の手を引いて下りてくる中年の女性に会っただけで、他に行き交う人もないまま峠にたどりつき、いったんすこし下ってから、上醍醐寺に向かう。ひとつづきの石段を二つ登った奥の森のなかに、准胝堂《じゅんていどう》が鎮座していた。土台がコンクリートなのは、火事で焼失し、再建されたからだ。

上醍醐寺は西国巡礼の札所のなかでも人気が高く、かなり有名な寺だが、そのわりに落ち着いたたたずまいで、金に物をいわせるようなあさましさはみじんもない。交通の便が悪いので、人気のわりには金が集まりにくいのだろう。

この寺に寝泊まりするという納経所のお坊さんは、都会の喧騒《けんそう》や刺激とは無縁のへんぴな山中に住んでいるせいか、極端に口数が少なかった。日用品はどうするのか気になり、思いきって聞いてみたら、小さなケーブル・コンベヤーで運ぶのだと教えてくれた。全部お坊さんがかついでえっちらおっちら運んでくるのかと思ったが、そうではないそうだ。

＊

五時をゆうに過ぎたころ、やっと駐車場に戻ったら、灰色の袈裟にメガネをかけたいがぐり頭の若いお坊さんがいた。料金係のおじさんはすでにいなかったが、お坊さんはとても重大な情報を伝えるために、わざわざ待っていてくれたのである。重大な情報とは——そう、銭湯のことだ。

「グリーンプラザがありますよ。国道一号ぞいにある、終夜営業のサウナですわ。そこなら一晩中、いられますよ」

な、なに、終夜営業のサウナだと——わたしと芭蕉は、思わず顔を見あわせた。ニユージーランドやハワイで「終夜営業のサウナ」というと、言外にいろいろな意味がある。

そんなわれわれのためらいをよそに、若いお坊さんはさらにつづけた。

「南大門という大きなビルの三階にあるんです。だいじょうぶ、すぐに見つかりますよ。一階はパチンコ屋だし、二階は焼肉屋ですから」

とりあえず、わざわざ待っていてくれたことや、「貴重な」情報をもたらしてくれたことに、芭蕉もわたしも心からお礼をのべた。でも、正直なところ、いまひとつ安心できない。

「なあ芭蕉、なんかあやしくないか。パチンコ屋の上だなんて」

「まあ、旅の身だし、これも冒険だと思えばいいんじゃねえの。きっとガイジンの巡礼さんなんて、初めてだぜ」

「そもそも、お坊さんがなんでそんなところを知ってるんだろ?」

「ひょっとして、お得意さんだったりして」

外は、ちょうどラッシュアワーだった。こういうとき、自転車は便利だ。往来をうめつくす自動車を、すいすいとぬうように走りぬけられる。そのまま国道一号を北に向かい、右に曲がったところで、今日の「平均歩道幅」値を一気に引きあげる広々とした歩道がひらけ、目の前に「南大門」があった。たしかに、わかりやすい。お坊さんが言ったとおりだ。

　南大門には、駐車場があった。赤い制服に赤と黒の帽子をかぶり、車を誘導するオレンジ色の棒を持った男の案内係もいる。この案内係にお坊さんから聞いた情報を確かめたら、ああ、そのとおりだよ、と案内係はなぜかにやにやしながら答えた。なぜにやつくのか気になったが、店の窓に映った自分たちの姿を一目見て、わたしも芭蕉も合点がいった。たしかに、みょうちきりんな格好だ。案内係にバカにされた、などと腹を立ててもしかたがない。

「はいはい、サウナの利用料は二千三百円。あと千二百円払えば、泊まれるよ。いらっしゃい！」

「そのくらいなら、払えるな。これ以上安い場所なんて、ぜったいない」

　そこでわれわれは案内係の誘導にしたがって、愛しの自転車を駐車場にとめた。それにしても、ママチャリでサウナに来る常連客など、まずいないだろう。案内係たちが何やらひそひそと話をし、声を上げて笑うのは、きっとそのせいだ。

　三階でエレベーターを降りたとたん、サウナの受付嬢とまともに顔をつきあわせてしまい、ここでも意味ありげに笑われたが、この受付嬢は愛想がよく、ガイジンのわたしにわかるように、一語一語オーバーにゆっくりと発音しながら、サウナの使い方を説明してくれた。ホテルにチェックインするのと、同じあんばいだ。他のお客さんにも見えるよう、靴箱の上に菅笠と金剛杖を堂々と置くわれわれを見て、この受付嬢は声を上げて笑った。

「チェックイン」してから、わたしと芭蕉はさっそくサウナ探検に出かけた。グリーンプラザは、申し分なく快適なサウナだった。サウナにくわえ、内風呂や露天風呂もあり、デッキチェアが置かれた庭に出れば、国道一号を見渡せる。この「温泉」で、男性客たちはすっかりくつろいで、のんびりとぶらついていた。客のために用意された茶色い短パンとガウンは「お着替え自由」で、下着や靴下などはすべて自動販売機で買える。

サウナの上の四階にはレストランがあり、百台はあるとおぼしきリクライニングチェアがずらりと並び、四方八方にはテレビもあって、それぞれちがう画像を映していた。しかもアームレストにはリモコンが、ヘッドレストにはスピーカーが設置されていて、客が好きな番組を見られるという、至れり尽くせりのサービスだ。毛布や雑誌もあるし、ウェイターもそこかしこに控えていて、食べ物や飲み物を頼めば持ってきてくれる。レストランの隅には、足をマッサージしてくれるコーナーまであった。

五階には布団を敷いたベッドが列をなし、それぞれ低い柵で仕切られている。寮のような宿泊施設だが、一泊千二百円とはじつにお得だ。

館内のインターホンからは数分おきに、呼びだしがかかった。

「五十四番のお客さん、五十四番のお客さん。お待たせしました。マッサージにどうぞ」

という呼びだしもあれば、

「六十三番のお客さん、六十三番のお客さん。ロッカーで携帯電話が鳴ってます」

という呼びだしもある。

芭蕉は感激のあまり、声を震わせた。

「おおっ、天国という言葉は、まさにここのためにある。できるなら、おれ、ここにずーっといてえよ。一週間いたっていい」

芭蕉がそう思うのも、無理はない。わずか三千五百円で一泊できて、レストランでちゃんとした食事もとれる。これを理想郷と言わずして、何を理想と言えばいいのだ。

「ほんとそうだよなあ、芭蕉くん。この旅が終わったら、おれもここに戻って本を書こうかな」

＊

芭蕉を見つけたければ、ぐうぐう寝ている人の列を行ったり来たりして、絆創膏だらけの足を探せばいい。昨日は芭蕉よりも早く寝たので、どこで芭蕉が寝たのか、わからない。でも傷と絆創膏だらけの足なら、すぐに見つかった。

　芭蕉いわく、

「おいクレイグ、ここにも、住みついてる奴がけっこういるぞ。和歌山のユートピアとおんなじだ。十一時すぎから急に客が増えてさ、みんなこぞって風呂に入り、布団にもぐりこんだんだ。いやあ、ほんと、いいとこだなあ。ハワイにこんなところがあれば、おれ、ワゴン車なんかじゃ暮らさねえよ」

　四階のリクライニングチェア・コーナーは、いびきをかいて眠りこける客であふれかえっていた。みんな、五階の布団にあぶれた客ばかりだ。そんな客を尻目に、わたしと芭蕉はゆっくりと朝風呂を楽しんだ。眼下の国道一号は、ちょうどラッシュアワーだ。国道を走るのは気がすすまないが、他に道がない以上しかたがない。

　午前八時半、私と芭蕉は勇気をふりしぼって、琵琶湖に面した大津をめざして山を登り、その間ずっとにごった空気を吸わされた。国道一号ぞいになぜ人が住めるのか、わたしにはわからない。上りはつらかったが、いったん峠をこえたあとは、大津まで長い下り坂がつづいた。

「なあクレイグ、自転車でよかったたな。こんな国道、ずっと歩かされたら、まちがいなく、のたれ死にだ」

たしかに自転車は、威力絶大だ。下り坂のせいもあるが、峠から瀬田川《せたがわ》まで、徒歩なら二時間かかるところを、自転車だとわずか二十分で行ける。さわやかな朝、広い瀬田川にはカヤックやボートやモーターボートがたくさん浮いていた。われわれは第十三番札所の石山寺《いしやまでら》まで快調に飛ばし、到着したところで行き先について相談した。第十二番札所の岩間寺《いわまでら》は、ここから八キロ南西に行った山中にある。岩間寺と石山寺のどちらを先にまわるか。相談の結果、まだ時間も早いので、まずは岩間寺にお参りすることにした。いずれにせよ、石山寺までひきかえすことになるから、石山寺は後でお参りすればいい。

都会の風景はいつしか田舎らしいのどかな田園風景に変わり、わたしと芭蕉は道標に従って、森の奥へと進んでいった。自転車で行かれるところまで行ってから、自転車を降りてけわしい山道をえっちらおっちら、ひいひい言いながら登っていく。滝のような汗が二の腕を流れ落ち、ひじからたれた。さらに汗が鼻を伝って、サングラスのなかにまで落ちてくる。くねくねと折れまがる山道は、けわしくなるいっぽうだ。

「ちくしょう！　ガイドブックには上醍醐寺が難所だって書いてあるけど、上醍醐寺なんてこれに比べりゃ屁みたいなもんだ。岩間寺は、難所ランキングにも入ってない」

「そりゃあ、そうだろうよ。こんなところ、わざわざ歩いたり、自転車を押すバカが他にいるか。でもよ、下りはきっと最高だぜ」

岩間寺（岩間山正法寺）は深山幽谷《しんざんゆうこく》という表現が似合う寺だった。緑の多い山奥に、ひっそりとたたずむ静かな寺——。ここまでよく登ってきたと自己満足にひたりながら、参拝者がつくための大きな鐘を盛大につかせてもらった。

寺に不満はないのだが、問題がひとつだけある——アブだ。アブはじっとりぬれてベタベタしたものが大好きだ。当然、汗だくで肌がネバネバするわたしから、一時も離れようとしない。納経所へ朱印をもらいに行くわたしのあとを、アブはブーンとついてきた。納経帳を差し出したときも、わたしの周りをブンブン飛んでいた。しかしそのとき、アブは納経所に入るという致命的なミスをおかした。なんと納経所のおじさんが稲妻よりも速く、それこそ目にもとまらぬ速さでハエたたきをひっつかみ、アブに警戒させる間を与えず、バシッとみごとにひっぱたいたのだ。さらに地面に落ちた大きなアブを新聞紙でグシャリと押しつぶして、おじさんは大仰《おおぎょう》に顔をしかめ、さわるのもいやなのか、ハエたたきを使って新聞紙を丸め、ゴミ箱にポイと投げ捨てた。

芭蕉は、目の前でくりひろげられたあざやかなアブ退治に、仰天して口をあんぐりと開けた。

「へえーっ。なあクレイグ、おれたち巡礼は、殺生《せっしょう》はいけねえんだよなあ」

「納経所のおじさんは、いいみたいだよ」

岩間寺は一六八〇年代に、松尾芭蕉が訪れたといわれる寺だ。芭蕉に関する本には違うことが書いてあるが、わたしの手元にあるガイドブックによると、松尾芭蕉はいちばん世に知られた俳句をこの寺で詠《よ》んだそうだ。

古池や蛙《かわず》飛び込む水の音

“The old pond——
a frog jumps in,
water's sound.”

本堂のそばにあるよどんだ小さな池の前には、この俳句をきざんだ句碑も立ち、口からすこしずつ水を吐く小さな石の蛙の像もある。この句碑や蛙を、現代の「芭蕉」

はうっとりとながめた。芭蕉というあだ名に喜ぶほど、ポールこと「芭蕉」は松尾芭蕉の大ファンだからだ。そして「芭蕉」は、これまで大勢の参拝客がしてきたように、池のほとりにすわりこんで、日本人に知れ渡った有名な俳句に思いをはせた。

岩間寺は松尾芭蕉の時代から、あまり変わっていない気がする。松尾芭蕉もきっと、同じ風景を目にしたことだろう。ただし、周囲を取り囲む丘や眼下の谷間でやたらと目につく、みょうにあざやかな緑の区画だけは別だ。現代の岩間寺の周りは、見渡すかぎりどこもかしこも、ゴルフ場だらけだった。

帰り道、岩間寺の駐車場になぜ車が二台しかないのか、料金係のおじさんに聞いてみた。

「いやあ、夏はだれも来ないから。みんな夏には、海やプールに泳ぎに行く。暑くて、寺を回る気になんか、ならないんだよ」

通訳して伝えたら、芭蕉はあきれて目を回した。

さあ、いよいよ次は下り坂——自転車巡礼のお楽しみだ。岩間寺まで自転車を押して登るのに一時間ほどかかったが、帰りは自転車でさっそうと走り、ものの五分で下ってしまった。けわしくなる山道の急カーブを、滑降中のスキーヤーのように勢いよく曲がる。そのたびにブレーキが悲鳴をあげ、ゴムが焼けるにおいがした。芭蕉にい

岩間寺にて

たっては、器用にもハンドルのグリップを握ったり離したりして、ブレーキがきしむ音を調節し、「悲鳴の歌」を演奏しはじめた。山道を疾風のように猛スピードで一気に下りたおかげで、芭蕉もわたしも登りのつらさを忘れることができた。

石山寺（石光山）まで、たぶん十分程度しかかからなかっただろう。飛ばしに飛ばしたおかげで、われわれとほぼ同時に岩間寺を出発した二台の車のうち、一台を追いぬいてしまったほどだ。

岩間寺は松尾芭蕉の来訪をほこる寺だが、石山寺も文壇の名士が逗留《とうりゅう》した寺として知られている。その名士とは、紫式部だ。世界初の小説といわれる『源氏物語』の作者、紫式部は、この石山寺に長くとどまった。本堂には、紫色の着物をまとった紫式部の人形もある。さらに境内で、われわれは紫式部がいるのかと目を疑うほど、見《み》目麗《めうるわ》しい女性に遭遇《そうぐう》した。祈りを捧げるその女性は、本堂の人形と同じように紫色の服を着て、白い日傘をさし、じつに優美なたたずまいで、境内をゆっくりと散策している。しかも紫式部の小説に登場する、ひっそりと暮らすみやびな女性たちのように、日傘で目と顔を隠し、けっして面《おもて》をさらけ出さない。芭蕉とわたしは同時に同じことを考え、同じことを口走った。

「おおっ、紫式部の生まれ変わりだ……」

石山寺にいると、都会からだいぶ離れたような錯覚を覚える。境内は高い木々に囲まれ、池では鯉《こい》がのんびりと泳ぎ、蝉《せみ》がさかんに鳴きしきる。真夏で、しかも平日だから、こんなに静かなのだろう。広大な駐車場があることからすると、人気のある寺とみてまちがいない。参拝客を一方通行させるために、境内にはロープがはりめぐらされている。混みあう日に来なくてよかったと、わたしも芭蕉も胸をなでおろした。

石山寺を出たあと、瀬田川ぞいに自転車を走らせて、琵琶湖の西側に出た。琵琶湖のまわりの平地にはビルが、琵琶湖と京都をへだてる山並みには緑が、それぞれめだつ。遠くから琵琶湖を見たときは、ドボンと飛びこんで泳ぎたいと思ったものだが、いざ間近で見ると、泳ごうなどという気はあっという間に消えうせた。それでもなぜかわたしは、いいことが起こりそうな予感がしてならなかった。はたして五分後、わたしの目に魅惑的な看板が飛びこんできた。

「おおっ、すばらしい！　食べ放題だ！　カフェ・フレンドリーか。七百八十円で食べ放題だぞ」

芭蕉も、涙を流さんばかりに跳びあがって喜んだ。のどはカラカラ、腹もグーグー鳴る。全身汗だくで、鼻をつく異臭をただよわせつつ、わたしと芭蕉は気合を入れて、店内の食べ物を食いつくしてやるとばかりに、カフェ・フレンドリーに飛びこんだ。

食べ放題の店だけに、店内はかなり混んでいたが、なんといってもこちらは「かぐわしい」白衣姿のガイジン二人組だ。あっという間にあいた席にでんとすわりこんで、わたしは店内の肉という肉を、ベジタリアンの芭蕉は野菜という野菜を、ガツガツ、ムシャムシャ、かきこんだ。店長はわずかでも利益を確保するために「ええい、おまえら、さっさと出ていきやがれ！」と、歯ぎしりしたにちがいない。

だがこの日、店長にはわれわれをうわまわる最大の厄介者がいた。店をオフィスのように我が物顔で利用する、スーツ姿のずうずうしい男がいたのだ。その男はテーブルを一人でまるまる占領し、ラップトップコンピュータを堂々とすえ、携帯電話を使ってインターネットに接続しようとした。結局接続できなかったのだが、周りの迷惑などどこ吹く風で、携帯電話でしゃべりまくるわ、かばんのなかの書類をひっかきまわすわ、ウェイトレスを秘書代わりにこき使うわ、すさまじいとしか言いようのない傍若無人《ぼうじゃくぶじん》ぶりだ。

そんな男を見て、芭蕉が口を開いた。

「あいつ、きっとグリーンプラザに寝泊まりして、このカフェ・フレンドリーで仕事してるんだ。せこい野郎だなあ。アパートも事務所もタダだぜ、タダ！」

「あんな野郎をつまみださないなんて、この店、ほんとにフレンドリーだな」

＊

店を出てほどなく、われわれは三井寺《みいでら》（長等山園城寺《ながらさんおんじょうじ》）に到着した。今日はこれで、三つ寺を回ったことになる。松尾芭蕉はこの寺にも来たことがあり、一六九一年には月見の会をもよおして、一句詠んだ。

三井寺の門たたかばや今日の月

“Shall we go and knock
on the gate of Mii temple?
the moon of tonight.”

三井寺という寺の名は、境内にある霊泉にちなんだものだ。天智・天武・持統の三人の天皇の、産湯として使われたことから三井と呼ばれたらしい。
境内には数か所にちんまりした事務所があり、暇そうなお坊さんたちが判で押したように、テレビで『暴れん坊将軍』を見ていた。本堂にある二つの事務所から同時に、あの聞き慣れたテーマソングが大音響で流れてきたかと思うと、広々とした境内の他の建物からも、同じソングが響いてくる。さらに、お参りにきたことを観音さまにお知らせしようと、芭蕉が観音堂で鐘の音をとどろかせたとたん、すさまじい雷鳴までとどろいた。観音堂の前から大津の町並みと琵琶湖が一望できて、景色は文句なしにすばらしい。琵琶湖の上に黒い雲がたれこめ、例によって例のごとく雷鳴と稲妻が共演し、小型ヨットの一団が競うように岸へ向かう様子が、手にとるようによく見える。

ここから京都に向かうわけだが、気が重い道中になりそうだった。午前中に通ったあの国道一号に戻って、またしても排気ガスにまみれながら、峠をこさなければならない。予想はしていたが、おぞましいとしか言いようのない道路だった。車も排気ガスも、おびただしいことこのうえない。そしてとどめは、二二五メートルにおよぶトンネルだった。もちろん、歩道はない。それでも京都に入ったら、だいぶ楽になった。国道を下りたら、京都の五条通りだ。芭蕉といっしょにあちこちのぞきながらゆっくりペダルをこぐうちに、京都駅の北にある京都タワーにたどり着いた。時刻は、五時すぎ——。一休みして、「通行人の観察タイム」としゃれこんでもいいだろう。どこへ行っても「ガイジンだ」「巡礼だ」とぶしつけにジロジロとながめられ、わたしも芭蕉もいい加減うんざりしていたので、こんどはこっちが日本人を観察してやることにしたのだ。

西暦二〇〇〇年の日本は、オレンジ色やブロンドの髪の毛と、真っ黒な肌と、意味もなく高い靴がはやっていた。シルバーのアイシャドーをぬりたくった、ガングロと呼ばれるミニスカート姿の女の子たちが、ヒールが一五センチもある靴をはいて四苦八苦しながら、よろよろと通りすぎる。どこを見ても、携帯電話だらけだ。行き交う人はみんなケータイを持っているか、ケータイで話をしている。そんな人たちを遠慮なくじろじろとながめたら、こっちもじろじろじろと見返された。

「なあクレイグ、托鉢《たくはつ》のおわんを出そうか。けっこう稼げるかもよ」

今日はすでに食事と風呂と寝場所のあてがあったので、急ぐ必要はなかった。この先に、グリーンプラザがある。前日に泊まったあのグリーンプラザではないが、系列の店だ。南大門のグリーンプラザを出るときに、ちゃっかりせしめたパンフレットで、京都にも系列のグリーンプラザがあることを確認しておいたのである。

「金が足りるかな?」

ふと心配になって声をかけたわたしに、芭蕉は、

「だいじょうぶ、心配するなよ」

と、みょうに自信をもって言い切った。

京都のグリーンプラザは、四条通りぞいにあった。愛用のママチャリを、歩道にず

らりと並んだ違法駐車の自転車にそそくさとまぎれこませ、わたしと芭蕉はゆっくりくつろげる家に戻ったような気分で、いそいそとチェックインした。店内の造りもシステムも、南大門のグリーンプラザと寸分変わらない。わたしはつい図にのって、受付で「お得意さま」カードまでつくってもらった。これで、ガイジン巡礼が泊まったという証拠が残る。サウナではテレビで野球中継を観戦でき、レストランではおいしい食事がとれる。やわらかい布団も、用意してある。

これで快適な夜を過ごせる――と思いきや、そうは問屋が卸さなかった。あわれ芭蕉は、他の客のすさまじいいびきと歯ぎしりと咳《せき》にたたられて、夜中に三度も布団を移るはめになった。

翌朝、絆創膏だらけの足を探して芭蕉をたたき起こしたら、待ってましたとばかりにさんざん愚痴をこぼされた。

「これじゃあ、病院に泊まったようなもんだ。まったくもう、どえらい目にあったぜ」

第六章　ゴルフの女神

——京都から三田《さんだ》——

蚤虱《のみしらみ》馬の尿《しと》する枕もと——松尾芭蕉、一六八九年

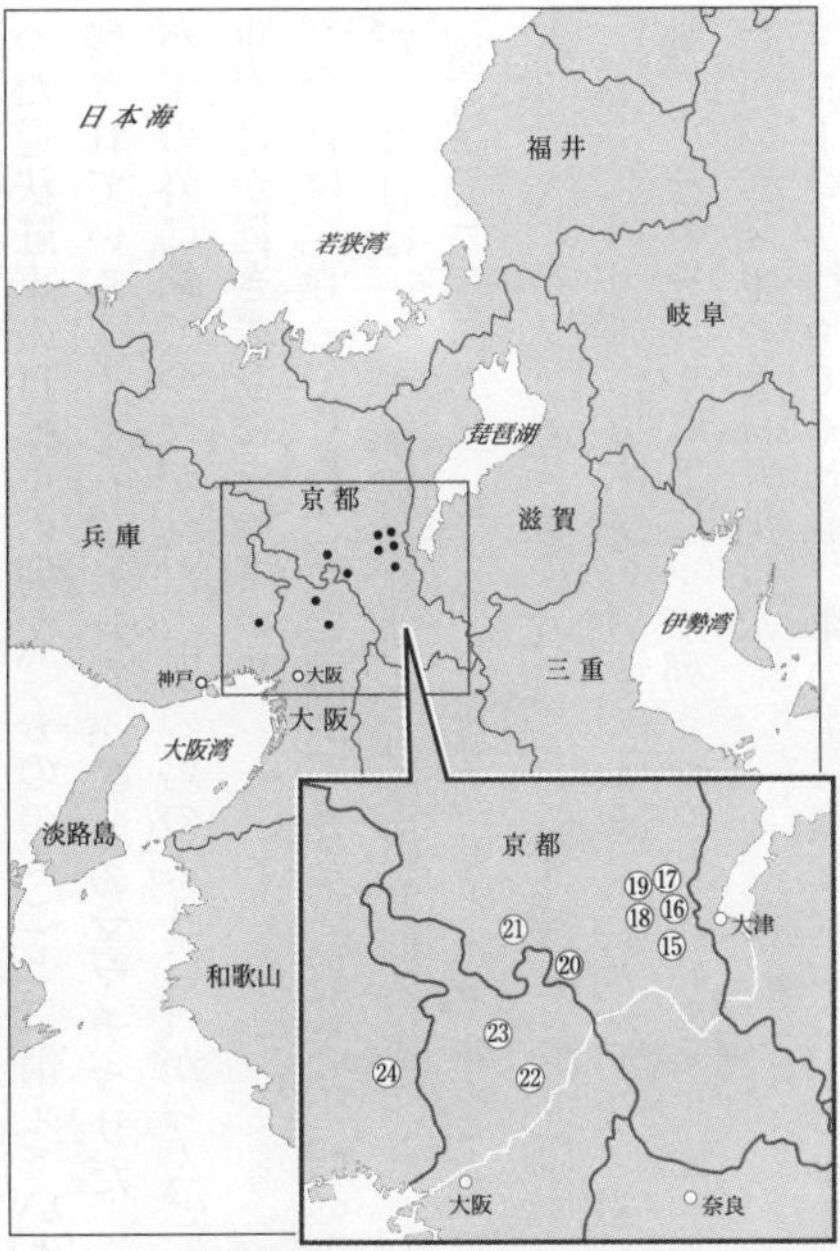

⑲革堂《こうどう》(行願寺《ぎょうがんじ》)
⑰六波羅蜜寺《ろくはらみつじ》
⑮今熊野観音寺《いまくまのかんのんじ》(観音寺)
㉑穴太寺《あなおじ》
㉒総持寺《そうじじ》

⑱六角堂《ろっかくどう》(頂法寺《ちょうほうじ》)
⑯清水寺《きよみずでら》
⑳善峰寺《よしみねでら》
㉓勝尾寺《かつおうじ》
㉔中山寺《なかやまでら》

"Fleas, lice——
a horse piddles
near my pillow."

巡礼に出て十五日目、いざ出発と四条通りに出てみたら、グリーンプラザの外にあった違法駐車の自転車の列が、もののみごとに消えていた。二台だけ、ぽつんと取り残されている——そう、われらが愛しのママチャリだ。ウェスタン映画に出てくる、バーの外に綱でつながれた二匹の馬のように、がらんとした道路に、われわれの自転車だけが置き去りになっていた。

今日は「寺めぐりの朝」を満喫できる。最初の十四の寺は回るのに十四日かかったが、今日は一日で京都の札所を五か所も回る予定だ。しかも、「逆さ」に参拝するわけではない。「逆さ」といっても、後ろ向きにせっせとペダルをこぐアクロバットに挑戦するわけではない。十九番札所から十八番、十七番……と順番に、十五番札所まで回るのだ。

猛スピードで快調に飛ばすわたしを、芭蕉が必死に追いかけてきた。京都は、平坦地だ。それをいいことに車の列をジグザグにぬって走ったら、とうとう芭蕉が音を上げて、金切り声をはりあげた。

「おーい、待ってくれぇ。車の上に飛びだした、おまえの杖しか見えねえよぉ」

第十九番札所の革堂《こうどう》（霊麀山《れいゆうざん》行願寺《ぎょうがんじ》）には、わずか十分で到着した。尼さんが切り盛りする尼寺で、周囲の家並みにひっそりととけこんでいる。尼寺というだけあって、納経所にも女性が二人つめていた。もともと大きい目がメガネでさらに拡大された一人の尼さんは、わたしの故郷ニュージーランドについて熱心にあれこれ質問したあと、納経帳からはみださんばかりに、力強く堂々と寺号を書いてくれた。

第十八番札所の**六角堂**《ろっかくどう》（紫雲山頂法寺《しうんざんちょうほうじ》）は、自転車で南に十分ほど走ったところにあった。周囲はみごとに高層ビルばかりだ。ビルの外側にガラス張りのエレベーターがついたビルもあり、寺のすぐ脇で数分おきにスーッと上昇するエレベーターが見える。

そんな様子を目《ま》のあたりにして、芭蕉はしきりに感心した。

「おおっ、これぞまさしく、現代まで生き延びた由緒《ゆいしょ》ある寺だ！」

六角堂は、京都でいちばんにぎやかな烏丸《からすま》通りのすぐそばにありながら、オフィス街の谷間にうもれてしまい、わざわざ探さないと見逃してしまうような寺だ。境内は落ち着いた雰囲気で、本堂の六角堂は「六角」といいながら見た目は「八角」で、すぐ裏手には鯉が泳ぐ池があり、この日は白鳥もいた。境内にいる無数のハトたちは、世にもめずらしいガイジン巡礼を見ても、へいぜんとしていた。

＊

京の都は、広い通りが碁盤《ごばん》の目のように走っている。おかげでわれわれのような初心者でも、道に迷う心配はない。

途中、たまには信号を守ろうかと、めずらしく赤信号でとまっていたとき、デリバリー・サービスのスクーターに乗ったおじさんが白衣の背に目をとめ、「南無観世音菩薩か」とわざわざ読みあげて、にっこりと笑いかけてくれた。信号が青に変わったとたん、おじさんは手を振り、猛スピードで走り去った。

第十七番札所の**六波羅蜜寺**《ろくはらみつじ》（補陀洛山《ふだらくさん》）は、自転車で南東へ十五分走ったところにある。鴨川《かもがわ》の東にある寺だ。病没者や無縁仏の霊をなぐさめるための寺らしい。住職は、ガイジンさんが二人も白衣姿でわざわざ訪ねてきてくれるなんて、と目を丸くし、それは親切に応対してくれた。ガイジンのわたしにわかるように、ことさらゆっくりと寺の歴史を説明したあと、われわれを本堂の裏の宝物館に案内してくれた。お寺の宝物をおさめた建物の存在は、わたしも聞いたことがある。六波羅蜜寺の宝物館はこぢんまりとした建物で、内には平安時代から鎌倉時代にかけて作られた由緒ある彫像がずらりと並んでいた。地蔵菩薩坐像《じぞうぼさつざぞう》や、薬師如来像《やくしにょらいぞう》もある。なかでも圧巻なのは、六波羅蜜寺を建立した空也上人《くうやしょうにん》の像だった。空也上人が口にした言葉はすべて化仏《けぶつ》になった、という言い伝えにあやかって、空也上人像も口から六体の化仏を出すという、とてもめずらしい姿をしていた。

この宝物館で、芭蕉はしきりに「おおっ！　うわっ！　ほんとかよ！」と感動した。

「おい、クレイグ、千年の歴史をほこる像だぞ！　アメリカなら、金庫室にしっかりしまうか、厳戒態勢を敷いて公開するかだ。もちろん彫像が傷まないよう、密閉容器に入れてな。こんな場所じゃ、だれでもつまようじ一本で忍びこめる」

「でもさあ、本来はこうするものだよ。そう思わないか？」

「うん、まあな。ほんと、すげえな！」

しきりに感心するわれわれを見て、住職はおおいに喜び、われわれを見送りがてら、自転車を見に来てくれた。

＊

第十六番札所の清水寺《きよみずでら》（音羽山）も、そう遠くなかった。清水寺は、日本全国に八十二か所ある「清水寺」のなかでも、そして西国三十三か所巡礼の札所のなかでも、まちがいなくいちばん有名な寺だ。京都を訪れた観光客は、日本人でもガイジンでも、判で押したようにこの寺をおとずれる。そんな人の波にもまれながら、わたしと芭蕉は自転車を押して、京都駅から東に延びた狭い道を清水寺に向かった。この清水寺で、わたしと芭蕉は好ましいとは言いがたい仏教の一面を目撃することになる。

好ましくないと言ったのは、芭蕉の言ったとおり、「仏教を売り物にしている」からだ。仏教をえさに多額の利潤をあげようという魂胆《こんたん》が、よろしくない。拝観料として三百円を取られるのは、まだわかる。しかし三百円払って入ったら、こんどは「特別展示品」の見物料として百円ふんだくられ、さらにおぞましいことに本堂にNTTのブースがあり、清水寺の写真が印刷されたテレホンカードを売っていた。しかも、営業活動にいそしむ二人の女性までいるとは、なんたることか。

「テレホンカードはいかがですか？　テレホンカードはいかがですかぁ？」

これではまるで、駅弁売りと同じだ。

芭蕉も憤懣《ふんまん》やるかたないという口調で、不満をもらした。

「うへえ、NTTの寺かよ、ここは！　おれ、こういうの、いやだなあ。宗教ってのは、露骨な商業主義と一線を画すもんじゃないの。仏教や寺院ってのは、資本主義が幅をきかせる世の中から、一歩身を引くためにあるもんだろ。宗教にすがるのは、魂をなだめたり、心の平和を得るため。電話会社を指定してもらうためじゃない。なあ、クレイグ、そうだろ」

「ひょっとして、KDDの寺もあったりして。ためしに、聞いてみるか？」

たしかに清水寺は、立派な建物だ。京都を見渡せる眺望も、すばらしい。でもわれわれは長居する気がせず、そそくさと寺を出て、納経所に向かい、三百円支払って寺号と朱印をもらった。

清水寺にて

納経帳を受けとるとき、メガネをかけた納経所のはげたおじさんから、英語で声をかけられた。

「日本にはどのくらい、いらっしゃるんですか？」

「ずっと暮らしているわけじゃないんですが、かれこれ二十年になりますね」

「ほう、では二十年かけて納経していらっしゃるので？」

「いえ、二週間です」

とありのままを答えたら、おじさんは仰天して椅子から転げ落ちそうになった。さらに納経帳をぱらぱらとめくり、わざわざ日付をたしかめた。

「ああ、ほんとだ。では、お車で？」

「いえ、ついこの間までは歩いてました。いまは自転車です」

また正直に答えたら、こんどはにっこり笑ってくれた。

「ほう、最初は歩きで、いまは自転車ですか。あとどのくらいで、全部まわれそうですか？　十年ぐらいですかね？」

「いえ、あと一週間ぐらいだと思います」

「な、なにぃ!?」

「ですから、あと一週間ぐらい」

「そ、そうですか。とにかく、西国巡礼を選んだのは正解でしたね。西国三十三か所は、日本の巡礼のなかでもいちばん有名なんですよ、ええ」

＊

清水寺を出たあと、われわれはほぼまっすぐ南下して、第十五番札所の**今熊野観音寺**《いまくまのかんのんじ》（新那智山観音寺）に向かった。清水寺とは正反対のひなびた静かな寺で、テレホンカードはおろか、土産物も売っていない。幹線道路からかなり離れた場所にあるため、参拝者もまばらだ。蝉の声がうるさいぐらいで、清水寺のようにそそくさと逃げかえる必要はない。納経所には正座したお坊さんがいた。わたしも正座し、芭蕉もまじえ、お坊さんとしばらくなごやかに話をした。

芭蕉は、とても満足した様子だった。

「清水寺を先に行っておいて、よかったなあ。おかげで、この寺のよさが身にしみるよ」

芭蕉の言うとおり、今熊野観音寺は心休まる、深山幽谷《しんざんゆうこく》の聖なる寺だった。

＊

寺を五つも楽に回れる「寺めぐりの朝」は、これで終わった。わずか四時間で、巡礼した寺の数が十四か所から十九か所にまで増え、ゴールまでついに半分を切った。

次のステージでは打って変わり、はるばる姫路まで西へ向かうことになる。巡礼した寺の数を一気に増やせたことに気をよくして、わたしも芭蕉も意気揚々と出発し、途中ラーメンで腹ごしらえをしてから、京都の西にある山をめざしてせっせとペダルをこいだ。

山麓《さんろく》で道がくねくねと曲がりはじめ、方向がわからなくなってきた。道標はほとんどなく、たまにあっても第二十番札所の善峰寺《よしみねでら》にふれたものはない。

そこでわたしは、自宅の庭でなにやら忙しそうに働く五十歳ぐらいのおばさんに、思いきって声をかけてみた。

「すみません、善峰寺に行きたいんですが、この道でいいんですか?」

おばさんは自転車に乗ったわれわれにまったく気づかなかったとみえ、顔をあげたとたん、うわぁガイジンだ、と仰天して声が出ず、わなわなと震えだした。

「あ、あ、あの……な、なんて言ったら、いいの……かしら……」

同じような場面には、前にも出くわしことがある。そこでわたしはおばさんが答えやすいように、イエスかノーで答えられる質問に変えてみた。おばさんはブルブル震えていて、まともに口をきけそうにない。

「ここをまっすぐ行けば、着きますか? 善峰寺に?」

「えっ、あっ、そう……そのう……そうね……でも……いえね……」

同じような答えも、前に聞いたことがある。これ以上、ねばっても無駄だ。だれか別の人に、聞いたほうがいい。このおばさんは「ガイジン恐怖症」で言葉が出なくなってしまったのだ。しかも、かなり重症とみえる。立ちなおるまでに、時間がかかるだろう。

あきらめて、おばさんに一応お礼を言ってから立ち去ったところ、運の良いことにわずか二〇〇メートル先で、スクーターに乗った郵便配達のおじさんと出くわした。知らない土地で道に迷ったら、ガソリンスタンドの店員か、タクシーの運転手か、郵便配達のおじさんに聞くのが一番、というものだ。

「善峰寺？　この道をまっすぐだよ」

と言って、郵便配達のおじさんは向こうのほうを指さした。

通訳してやったら、芭蕉は声を立てて笑いだした。

「じゃあさ、さっきのおばさんだって、ただ指させばいいのにさ」

「ほんと、そうだよな。ガイジン恐怖症の典型だな、ありゃあ」

われわれはくねくねと折り曲がる道づたいに、うっそうと生いしげる竹藪や緑があざやかな田んぼを通りぬけ、山道を登りはじめた。善峰寺が山奥にあることは、すでにガイドブックで確認ずみだった。自転車をえんえんと、押さなければならないはずだ。いちおう覚悟を決め、体力はともかく、心の準備だけはできていた――はずだが、三十六度の猛暑のなか、自転車を押してきつい坂を登るのは、やはりつらい。

なんでこんな苦労をせにゃならんのだ、とぶつくさ文句を言ったら、よりによって芭蕉に励まされた。

「なあクレイグ、下りはすげえ楽しいぞ。下りのことを考えろよ」

上り坂が、はてしなくつづく。あまりにも急なので、さすがのわたしも自転車を押すスピードがぐんと落ちた。でも、苦労しただけの甲斐《かい》はあった。

善峰寺（西山）で、驚くほど変わった松を見られたのだ。日本一、風変わりな松の木といってもいいだろう。樹齢六百年をほこるこの松は、力ずくであちこちにねじまげられ、ごく自然にすくすくと上に伸びるのではなく、五〇メートルほど地面に平行に伸ばされた枝もある。この松は「遊龍《ゆうりゅう》の松《まつ》」と呼ばれる善峰寺の名物だが、こんな人為的な松は、四国巡礼の第七十二番札所曼荼羅寺《まんだらじ》（香川県善通寺市）で見た菅笠にそっくりの松ぐらいしか、他に思いつかない。

「なんだか、変てこりんな松だな」

どうやら芭蕉も、わたしと同じ思いをいだいたようだ。

善峰寺にて

境内を散策して、京都を一望し、お参りを終えた時点で、次の寺に五時前にすべりこむのは無理とわかった。ならば、急ぐことはない。幸いにも、善峰寺には緑豊かな高台に面した六畳の和室が二部屋あり、一休みさせてもらえる。ぽとぽととたれる水の音以外に、静謐《せいひつ》を破る音もない。この静かな落ち着いた部屋で、わたしと芭蕉は昼寝をさせてもらい、酷暑で消耗したからだを休めることにした。今日一日でたくさん寺を回ったから、ここで昼寝したって罰《ばち》はあたらねえよ、というのが芭蕉の言い分だった。

*

午後四時半、われわれはまたしてもブレーキを派手にきしらせながら、坂を一気にかけ下りた。上り坂で芭蕉が言ったとおり、登りのつらさなどどこかへ吹っ飛び、自動車のドライバーでも怖くて出せないような猛スピードでかけ下りて、気分爽快だった。庭で働いていたおばさんたちは、ブレーキのキーキーいう音でみんな顔を上げては、あっという間に通りすぎるわれわれのママチャリを見てあっけにとられ、ぽかんと口を開けた。

下までおりたあとは北に向かい、山麓の丘にそって田んぼや野菜畑を左右に見ながら、京都の西に向かった。道端には、トマトや豆やナスを売る屋台が出ている。

国道九号に乗って西に向かい、峠をめざしてまた上り坂にさしかかった。大半の車は、高速道路に吸いこまれていく。この高速道路と平行してしばらく走ったが、いかがわしいラブホテルを数軒過ぎたあたりで、またしても道がくねりだしだ。急な坂では自転車を降りて押し、すこし楽な上り坂では自転車に乗り、乗ったり降りたりをくりかえしながら登っていく。

「ええい、くそっ！　どうせてっぺんには、トンネルだろ」

と毒づく芭蕉の予想はみごとにあたり、山の頂上で曲がったとたん、真っ暗なトンネルが口をあけて待っていた。排気ガスが、どんよりとよどんだトンネルだ。

「あーあ、もう、ちくしょう！　観音さま、お願いしますよ、助けてください！」

すると、どうだろう。驚いたことに、芭蕉の祈りは聞きいれてもらえた。自動車専用のトンネルの横に、歩行者専用のトンネルがあるではないか。エンジンのない乗物には、別にトンネルを用意してくれたのだ。まちがいない、まさに、われわれのためのトンネルだ。犬を連れた男や自転車に乗った男といっしょにくぐらなければならなかったが、安全なのはまちがいない。

芭蕉は、観音さまへの感謝を忘れなかった。

「慈悲深き観音さま、まことに、ほんとうに、ありがとうございます」

トンネルを抜けでたあとは、亀岡まで長い下り坂だった。

途中、ガソリンスタンドの店員に、銭湯がないか聞いてみた。

「銭湯ですか？　ええ、この先にありますよ。四〇〇メートルほど、行った先にね」

やはり、そうだ。わたしはここ数年、だてに日本各地をほっつき回ったわけではない。銭湯のそばに来ると、なんとなく勘が働いてピンとくるのだ。

店員の言ったとおり、道路から奥まった人目につかない場所に、その銭湯はあった。銭湯の建物自体はめだたないが、高い煙突はめだつ。この銭湯の前に自転車をとめて、われわれは着替えを用意した。

わたしはワクワクしながら、芭蕉に声をかけた。

「こいつぁ、おもしろいぞ。きっと八十ぐらいのばあさんが、番台でお金を受けとりながら、脱衣場をじろじろとながめてるんだ。ガイジンで、しかも白衣姿のおれたちを見たら、どんな顔をするかな？　ウヒヒ、行くぞ、芭蕉……一、二の三、それっ！」

わたしは掛け声をかけて、勢いよく扉を開けた。しかしこのときばかりは、わたしのほうがぎょっとした。たしかに番台には、女性がすわっていた。ただし、八十ぐらいのばあさんではない。せいぜい十七歳ぐらいの、うら若き女性だ。しかも、美人ときた。田舎の子とは思えないほど、あかぬけた子だ。ストレートの髪を茶色に染め、しっかりと化粧をして、マニキュアをした指先をいじくりながら、ピンク色のケータイでお話し中だった。この子には、渋谷や道頓堀《どうとんぼり》橋のほうが似合いそうだ。田舎の銭湯というイメージとは裏腹に、館内にはロックミュージックが流れている。その子は顔を上げ、わたしと芭蕉を見て、にっこりとほほえんだ。

わたしは芭蕉に、英語で言った。

「げっ、いやだな。この子の前で素っ裸になるなんて」

でも、芭蕉は聞いていなかった。番台の脇から女性の脱衣場が丸見えで、それをいいことに芭蕉は首を伸ばしてしっかりとのぞきこみ、おばあさんたちのたるんだ腹や胸に目を奪われていたからだ。

その間に、女の子は電話を切った。

「ごめん、お客さんだから切るね」

「あ、あのう、お、大人二人です」

わたしは、ついどもってしまった。ティーンエイジャーの女の子に声をかけるのがこんなに恥ずかしいとは——。ティーンエイジャーの男の子だったはるか昔ならまだしも、ほんとうに久しぶりのことだ。そんなわたしの恥じらいをよそに、番台の女の子はいたって平静で、旅の途中なんですか、どちらからいらしたんですか、と気さくに話しかけてくれた。

　脱衣場で着替えるとき、わたしも芭蕉もなんとかからだをおおい隠そうと、涙ぐましい努力をしたのはいうまでもない。

「なあクレイグ、みっともないことにならなきゃいいけど。おれさあ、あんなにカワイイ子の前ですっぽんぽんになるなんて、生まれて初めてのような気がする」

といっても、うら若き女性をことさらに意識するのは、われわれだけらしい。一風呂浴びにきた青年は、番台の女の子と楽しそうに話をしながら、女の子の目の前で堂々と素っ裸になった。そういえば、この銭湯の客は他の銭湯よりも、若い男性がかなり多い。

「ひょっとしてあの子、若い常連客を獲得するためのPRなのかな」

わたしと芭蕉は一時間以上も、ゆっくりと風呂につかった。サウナでも脱衣場のロックミュージックがパイプを通して流れてきて、くつろいだ気分になれた。

　旅の疲れをすっかり洗い流したところで、芭蕉が言った。

「あの番台の女の子、生まれてこの方ずーっと、裸の男を見てきたんじゃねえの。クラスメートから、さぞうらやましがられただろうな。町じゅうの男のからだを知ってるんだぜ。デートしてもいい男がどうか、わかるってもんよ、なあ」
「ははあ、若い女の子にとっちゃ、最高のアルバイトだな」

＊

銭湯を出たあと、われわれは自転車で亀岡市内の通りに出て、ラーメン屋で腹ごしらえをした。店を切り盛りするパーマ頭のおばさんは、ちょっと食べてみてよ、ときゅうりのお新香《しんこ》を持ってきた。でも、よもやガイジンがお新香をバクバク食べるとは、夢にも思っていなかったらしい。わたしと芭蕉がひとつ残らずきれいに平らげたら、仰天して口をぱくぱくさせた。

これでからだがさっぱりし、腹もいっぱいになった。残る問題は、あと一つ――寝る場所だけだ。

見上げれば、空には雲一つない。たくさんの星がまたたく、いい天気だ。第二十一番札所の穴太寺《あなおじ》まで、そう遠くない。ならばいっそのこと境内のベンチで寝ようということなり、カエルがガーガーと鳴きしきる田んぼを通りぬけて、穴太寺の正門まで自転車をこいだ。

しかし、ざんねんながら正門は閉まっていた。

そのとき、ある看板がわたしの目に飛びこんできた。

「おい、芭蕉、あれを見ろ」

「はあ、あの看板? 巡礼を無事に終えたら悟りが開けます、とか書いてあるやつ?」

「ちがうよ、アホ! 道路標識だよ。二、三キロ先に、亀岡スポーツパークってのがあるらしい」

パークというからには、公園だろう。さっそくわれわれは途中でビールを買って、この公園に向かい、三人のティーンエイジャーの花火を見物したあと、子どもの遊び場のそばにある小屋の中で寝かせてもらった。

＊

翌朝の七時半、亀岡スポーツパークの小屋の中で缶コーヒーをすすりながら、芭蕉がうんざり顔でこぼした。

「なあ、クレイグよ、おれさあ、この旅に出てから、三回しかクソしてねえんだ。二週間以上もたつのに、たったの三回だぜ、クソッ! これだけ食ってんのによ。毎日つめこんだ食い物は、いったいどこに消えちまったんだろ?」

「エネルギーとして、消化してるんだよ。汗もだらだらかくし。おまえ、ホントくさいぞ」

亀岡スポーツパークにて、自転車巡礼二人組

「けっ、そりゃあどうも」

亀岡スポーツパークは、れっきとした公園だった。だが、朝のジョギングや犬の散歩に来る人が、なぜかいない。そこへ六十歳ぐらいの、上から下まで白ずくめのおじさんが一人、われわれのほうへ大股で近づいてきた。

「なあクレイグ、何の用だろう?」

おじさんはつかつかと近寄ってきたかと思うと、われわれから五メートルも離れていない木の前で立ちどまり、予想外の行動に出た——なんと、ズボンの前を開けだしたのだ。

「ハハッ、なるほど。立ち小便か」

という芭蕉の声に、おじさんが顔を上げた。われわれにまったく気づかなかったらしい。ぎょっとした顔をしたが、あわててとりすまし、なぜそこにいるのか必死にごまかそうとして、用もないのに木をたんねんにながめだした。ゆうに五秒ほど、見ていただろうか。

さも木を見にきたといわんばかりに、おじさんは次の木に移り、そしてまた次の木へと順番に一本一本愛《め》でながら、ついに公園の向こうへ姿を消した。

「とんだ木の検査だなぁ」

芭蕉は遠慮なく、ゲラゲラと大声を上げて笑いこけた。

＊

亀岡スポーツパークの小屋の前で記念撮影をしようとしたら、ちょっとしたトラブルが発生した。

「あっ、しまった！」

と芭蕉が声を上げたのだ。

「なんだよ？」

「いや、そのう、おれさあ、昨日の晩の銭湯で、デジタルカメラのバッテリーを充電しただろ？」

「うん」

「その充電器を、銭湯のコンセントに差しこんだまま、忘れてきたみてえだ」

「ほんとうかよ？」

「ええっと……たぶん……うん……やっぱり……」

「あの銭湯に戻れってのか？　おい芭蕉、おまえ、あの子にまた会いたくて、わざと忘れたんじゃないのか？　あーあ、めんどうくさい。銭湯ってのは、ふつうは午後の三時ぐらいからだ。午前中はよっぽどのことがないかぎり、だれもいないよ」

銭湯に戻る道すがら、わたしも芭蕉もむっつりと押しだまり、一言も口をきかなかった。銭湯まで自転車でわずか十五分の距離なのが、まだしも不幸中の幸いか。われわれは無言でひたすらペダルをこぎ、お新香をごちそうになったラーメン屋や、銭湯への道を聞いたガソリンスタンドの前を通りすぎた。亀岡市内についていっぱしの通《つう》になった気がする。

ぶつぶつとつぶやく、芭蕉の声が聞こえてきた。

「お頼みします、慈悲深き観音さま。どうか銭湯の人たちが充電器を見つけて、入り口の外に出しておいてくれますように……」

しかしさすがにこんどは、聞き入れてもらえなかった。

「ああ、観音さま、お願いです、せめてなかにだれかいますように」

「慈悲深き」観音さまは芭蕉を哀れにおぼしめしたのか、こちらの願いは聞いてもらえた。だれか、風呂そうじをしているらしい。だが「すみませんーっ!!」と絶叫しても、入り口の扉をガンガンたたいても、近所の犬がギャンギャンほえても、いっこうに反応がない。おまけに「なんだ、あいつら」と近所の人が次々と顔を出し、きまり悪いことこのうえない。それもそのはず、よりによって朝の八時半から、よりによって白衣姿のガイジンが二人も、ギャアギャアほえる飼い犬に負けじと金切り声をはりあげて、銭湯の扉を力いっぱいひっぱたいているのだ。見るな、というほうが無理だろう。

「こりゃあ、だめだ。裏口に回ろう」

わたしは芭蕉を、裏口に連れていった。裏でも別の犬にギャンギャンほえられたが、ありがたいことに勝手口が開いていたので、あらんかぎりの声をはりあげて呼びかけたら、ようやく聞こえたらしい。風呂場にいた中年のおじさんが一人、パンツ一丁で汗をだらだら流しながら、風呂場から顔をひょいと突き出だした。わたしと芭蕉を見ても、眉《まゆ》一つ動かさない。

「あのう……昨晩、こちらにおじゃましたときに、こいつが充電器を忘れたんですけど」

日本語を話せないガイジンの通訳を買ってでた場合、今回のように損をすることがある。芭蕉のミスのくせに、なぜわたしがこんな説明をして、尻ぬぐいをしなければならないのだ？

「えっ、なに、忘れもの？」

「ええ、バッテリーの充電器です」

「ちょっと待ってて」

おじさんはいったん奥に消え、数分後に洗面道具の入っただれかのバッグを持ってきた。

「これかい？」

「いいえ。あのう、もしよろしかったら、こいつを見に行かせてもいいですか？　どこに忘れたか、知ってるもんで」

いいよ、と言ってくれたので、芭蕉はさっそく充電器を取りにいき、滝のような汗を流しつつ、逃げるようにして戻ってきた。

「うへえ、おれ、銭湯のそうじ人だけはなりたくねえや」

わたしも早く、ここから逃げたい。すでに十分近く犬にギャンギャンとほえられ、恥ずかしくてたまらない。

「おい芭蕉、おじさんに言ってやったか？　あんな年頃の娘さんに、番台で裸の男を見学させたら、罰《ばち》があたりますよって」

「おれに日本語をしゃべろってのかよ」

＊

午前九時、**穴太寺**（菩提山）に到着した。「充電器事件」で一時間ほど無駄にしたが、充電器を失うはめにならなくてよかった。五〇キロも進んだあとで充電器がない

穴太寺にて

と気づくよりは、はるかにましだ。愛しのママチャリをとめていたら、手押し車を押してのんびりと通りかかったおばあさんから、よくがんばっていらっしゃいますねえ、おえらいわ、とほめられた。でも芭蕉はこのおばあさんを見て、別のことを連想し、みょうにいきりたった。そう、和歌山で足がいたくて思うように歩けない芭蕉をすーっと追いこした、おばあさんを思いだしたのだ。

「ううっ、あんなみじめな思いは二度とごめんだ。いまのおれには、自転車という強い味方がある。だれが追いこさせるもんか、けっ」

道中、わたしは驚くような噂を耳にした。なんでも、西国霊場三十三か所すべての朱印と寺号を載せた巻物は、市場で五十万円もの高値がつくという。巡礼に出むく余裕のない人たちが、信仰心の証《あかし》として気前よく大枚《たいまい》をはたくらしい。またタクシー運転手のなかには、タクシー巡礼を案内しながらちゃっかり納経して、それを売って小遣いを稼ぐふとどき者もいるそうだ。現にわたしはそれらしき運転手を、穴太寺で目撃した。タクシー巡礼のお客が朱印と寺号をドライヤーで乾かしている間に、縮れ毛のタクシー運転手がすみのほうでこそこそと巻物を丸めたり伸ばしたりしている。そしてちゃっかり先にタクシーに戻り、ずーっと正門の前で待っていたと言わんばかりに、何食わぬ顔で戻ってきた客のためにタクシーのドアを開けたのだ。

道ぞいに平坦な谷間を南へ下るうち、木々の生いしげった山中に入りこみ、またしても上り坂が現れた。めざすは大阪だが、それにはゆうに二五キロも山道を抜けていくしかない。うだるような暑さのなかを峠まで、またえっちらおっちら、自転車を押していくしかないのだ。峠のちょうど手前に、自動販売機がずらりと並んでいた。水分補給ができてありがたい、とわたしは思ったのだが、二十台もの自動販売機のうち、飲料水を売る販売機はたった二台しかない。残りの十八台は、ポルノビデオやポルノ雑誌など、ポルノ関係ばかりだ。

芭蕉はしきりに、いぶかった。

「なんでポルノなわけ？　日本の若い女の子はみんな、純真無垢《じゅんしんむく》って感じなのになあ」

でもポルノビデオのカバーの女性は、純真無垢とはほど遠い。

芭蕉は「学術研究」目的でポルノ販売機をとくとながめ、ぼそっとつぶやいた。

「おれ、この国がますますわからなくなってきた。こんな販売機があったんじゃあ、巡礼に品行方正でいろってほうが無理だぜ」

第二十三番札所の**勝尾寺**《かつおうじ》（応頂山）の場所は、寺の姿が見えないうちから音でわかった。寺の巡礼サービスなのか、山中のそこかしこにスピーカーがうめてあった、そこから読経が流れてくるからだ。スピーカーを自前で用意できるほど、勝尾寺は裕福な寺だった。大阪市に近いせいも、あるだろう。境内のエアコンのきいたゲストルームには食堂やお土産や本屋がそろっていて、正門をくぐったところで池の噴水がシューッと噴きだし、よくぞいらっしゃいました、と参拝者を歓迎してくれる。センサーで作動する噴水らしい。本堂はオレンジ色にぬられ、建設中のビルの脇に仮設の納経所があり、どこを見ても贅《ぜい》をつくした寺だった。

「南無観世音菩薩、南無観世音菩薩、南無観世音菩薩」

納経所のおばさんは、三つの朱印を一つ一つ押しながらそう唱え、墨で寺号を書いてくれた。

「えっ、ニュージーランド？　はいはい、ニュージーランドね。うちの息子もつい先日、スキーをしにニュージーランドに出かけたばっかりなのよ。ここはね、箕面《みのお》ってところなんだけど、ニュージーランドのハット市と姉妹都市なの。それで毎年、ニュージーランドの団体さんが箕面に来るんだけど、うちの寺にかならず立ち寄ってくれるのよ」

われわれのほかに納経しにきた参拝者が、あと一人だけいた。肌もあらわなサンドレスを着たガリガリの若い女の子で、ヒールが十五センチはありそうな「厚底靴」をはいている。あの靴でどうやって、石段を上ってきたのだろう？　あれでは、竹馬で歩くようなものだ。

＊

第二十二番札所の総持寺《そうじじ》（補陀洛山）の前に、第二十三番札所の勝尾寺を回ったのは、結果的に正解だった。順番通りに回るとしたら、まず山をこえて茨木の総持寺に参詣してから、山道を引きかえし、さらに西へ向かって、勝尾寺に行かなければならない。地図で見ると、勝尾寺を先に回るルートはかえって遠回りのように見えるが、自転車の旅にとっては勝尾寺を先にしたほうが都合いい。勝尾寺を先に回れば、総持寺まで下り坂で、猛スピードで一気に下れるからだ。

大阪までの下り坂で、ママチャリはまたしても派手にキーキーきしんだ。一台のダンプカーに追いこされ、道端の藪《やぶ》へはじきだされかけたが、さすがは我らが愛車だ。このトラックのあとにぴったりはりついて、五分近くも飛ばしてやった。しかし悔しいが最後には振りきられ、トラックは轟音《ごうおん》を立てて角を曲がり、見えなくなってしまった。

この日は、今まででいちばん暑い日だった。気温は、なんと三十八度だ。おまけに大阪では、風がそよとも吹かなかった。幹線道路の国道一七一号に乗って、わたしと芭蕉は排気ガスをいやというほど浴びながら、灼熱《しゃくねつ》の大都市へ突入した。めざす総持寺は、総持寺駅のそばにある。遠くから見ると寺そのものより、オレンジ色と白の煙突のほうがはるかにめだつ、いかにも都会らしい寺だった。

この寺には、心温まる逸話がある。千年前、ある若い貴族がこの地を通りかかったとき、漁師にいたぶられる大きな亀を見かけた。そこで貴族は哀れに思い、この亀を買いとって、海へ逃がしてやった。翌朝、貴族はまま母に川に落とされた我が子を助けてほしいと、観音さまにお祈りしたところ、なんとその子が昨日助けてやった亀の背に乗って、岸にたどり着いたという。

それにしても、うだるように暑いのにはまいった。

＊

熱気と排気ガスをさけるには、冷たい水を好きなだけ飲める食堂に逃げこむのが一番だ。われわれは運よく、「全皿百円」という看板をかかげる回転寿司を発見した。わたしは好きな品を選べる回転寿司が、昔から大好きだ。おまけに、できたての寿司をベルトに載せる場所のすぐそばに案内してもらえた。これがベルトの終わりの方だったら、他の客にどんどん好きな品を取られてしまい、余り物でがまんするしかない。ちょうど「お得なランチタイム」で、ベルトに載って四方八方に流れていく寿司に、子連れの家族がぱくついていた。かたや芭蕉は、寿司をつまみながらジョッキになみなみと注がれたビールをうまそうに飲む隣の女性二人組に、目を奪われていた。ああ、おれもグイッと飲みたいと、その顔に書いてある。しかし三十八度の酷暑のなか、往来の激しい国道一七一号を自転車で走らなければならぬ身だ。ビールをがぶ飲みしたらどうなるか、さすがにわからないほどのマヌケではない。

腹ごしらえをして外に出たあと、われわれは歩道を走ったり、車道を走ったりした。通行人がいるときは車道を、車が駐車してあるときは歩道を、と使いわけたのだ。猛スピードで飛ばしていたら、縦列駐車した車が見えたので、わたしは歩道に上がることにした。ちょうど車が曲がれるよう、うまい具合に縁石が低くなっていて、好都合だ。しかしわたしは、段差を甘くみすぎた。前輪を高く持ちあげなかったため、気がついたら転倒し、頭から歩道に突っこんでいたのだ。とっさに片手と左足をつき、ドッスーンと倒れこむ。これは、かなり痛かった。

わたしのあとを追ってきた芭蕉は、倒れたわたしとあやうく衝突しそうになり、すんでのところでなんとかよけた。

「おっとっとっ！　うわっ、おまえ、金剛杖に感謝しろよ」

「なんだよ？　なんで感謝するんだよ？」

「金剛杖がなかったら、おまえ、もっと派手にけがしてたぞ。自転車がひっくりかえったとき、金剛杖が身代わりになって、衝撃をぜんぶ吸収したんだ。こりゃあ、弘法大師のお恵みだぜ」

ここで初めて、わたしは金剛杖を探した。いままで自転車のかごからまっすぐ伸びていた杖は、すぐそばに転がっていた。ひっくり返った衝撃で、むざんにも三つに折れて——。菅笠も、びりびりに破れていた。スゲの葉をとめていたふちの糸が、ちぎれてしまったのだ。もちろんわたしも、負けず劣らず惨憺《さんたん》たる有り様だった。左のひざをざっくりと切った。血がだらだらと、流れている。左の手のひらにも、深い切り傷を負った。この痛みで立てるだろうかと、わたしはびくびくしながら腰を上げた。

そんなわたしを見て、芭蕉はまたしても観音さまに祈りを捧げた。

「観音さま、お願いですから、このガイジン大ボケ巡礼野郎の面倒を見てやってください。自転車に乗っているときは、もっと前に注意するようにしむけて、どうかこの旅を無事に終わらせてください。こいつにもしものことがあったら、おれはこいつの女房に合わせる顔がありません。八つ裂きにされちまいます」

とりあえずわたしは、三つに折れてしまった金剛杖を拾って、かごに入れた。三〇センチほどの長さに折れたので、もうバックパックの上に高々と突き出すことはない。

中山寺にて。たくさんの奉納されたわらじが並ぶ

「ありゃりゃ、クレイグよ、この先どうやって、車にうもれたおまえを見つけりゃいいの？　おれ、いままで、宙に高く突き出した金剛杖を目印にしてたんだぜ」

このあとはペダルを必死にこいで、四時五十分になんとか中山寺《なかやまでら》（紫雲山）にすべりこんだ。納経所のおじさんは窓を閉めて鍵をかける寸前だったが、われわれを見て親切に窓を開けてくれた。まあ、当然といえば当然か。まだ五時前だし、もし納経を受け付けなかったら、六百円の納経料をみすみす逃すことになる。だが中山寺なら、われわれの微々たる納経料など必要あるまい。中山寺は第二次世界大戦で焼失し、いまの中山寺は戦後に建てられた近代的な建物だ。本堂の前にエスカレーターがあるのは、お年寄りの参拝客が大勢つめかけるせいだろう。このエスカレーターを芭蕉がめざとく見つけ、ほくほく顔で乗りこんだが、うなだれておりてきた——エスカレーターの営業時間は、午後の四時までだった。

＊

いまさら言うまでもないが、観音さまは慈悲と恵みの女神だ。さらにわれわれは、観音さまについて新たな事実を発見した。なんと観音さまは、ゴルフの女神でもあった！　そう、ゴルフだ。本堂のすぐそばに鎮座まします観音さまが、ゴルフクラブをにぎっていらしたのである。芭蕉によると、三番ウッドらしい。

ゴルフの女神

「クレイグ、これって、ティーグラウンドで飛距離を伸ばしたい奴が、観音さまを拝んで寄付したんじゃねえの」

「ひょっとして、バブル崩壊のあおりを受けたゴルフ場が、観音さまにどうかお慈悲を、お恵みをってすがりついたとか？」

「あるいは、ハンディが減りますようにってか？」

「なんでもいいよ。要するに観音さまは、慈悲の女神で、恵みの女神で、ゴルフの女神でもあるわけだ」

わたしと芭蕉は腹をかかえてゲラゲラと、涙が出るほど笑いころげた。そのあと、わたしもちゃっかりと「ゴルフの女神」に祈りを捧げておいた。

「どうかティーグラウンドで、飛距離が伸びますように。パットを正確に決められるようになりますように。そして、うちのかわいい息子たちが成長した暁には、あのタイガー・ウッズのように華麗なプレーを披露し、じゃんじゃん金を稼いできますように……」

あの事故で無残にもちぎれた菅笠は、中山寺の正門に置いていくことにした。こんな状態では日よけ帽子にならず、持っていてもしかたがない。

「いいかね芭蕉くん、おれは観音さまにこの身を捧げたんだ。巡礼の途上で、血や汗を献上したのだよ、うん」

たしかにわたしのひざはいまだに、真っ赤な血に染まっていた。

「その代わりと言っちゃなんだがね、芭蕉くん、ティーグラウンドでの飛距離が伸びるように、そしてパットが正確に決まるように、ちゃーんとお祈りしてきたよ。イッヒッヒッ」

というわたしの言葉に、芭蕉はたまらず噴きだした。

＊

そろそろ、腹ごしらえをしてもいい時刻だ。排気ガスを吸わされてヒリヒリするのどをうるおしたいし、エネルギーも補給したい。さっそく店に入ったら、はげた赤ら顔の男性客が店主夫妻と雑談しているところだった。

さっそくこの男性客から、声をかけられた。

「ふーん、そうなのか。で、お次はどこに行くんだい？」

どうやら一杯きこしめしているらしい。

「清水寺《きよみずでら》です」

第二十五番札所は、京都の札所と同じ名前なのだ。

「清水寺？　あそこなら、しょっちゅう行くよ。といっても、ゴルフだけどよ！

あのあたりにゃ、ゴルフ場がたくさんあるんだ」

男性客は、しごく上機嫌だった。

通訳してやったら、芭蕉がすかさずジョークを飛ばした。

「おい、パットがうまく決まるように観音さまにお祈りしてるか、聞いてみろよ」

この男性客から次々とありきたりの質問をされ、こっちもありきたりの受け答えをする間に、店のおじさんがせっせと料理をこしらえてくれ、おばさんもせっせと麦茶のおかわりを注いでくれた。こんな田舎で聞いてもしかたないと思いながら、とりあえずわたしは宝塚で聞きそこねた質問をしてみることにした。

「あのう、この辺に銭湯はありませんか?」

店のおじさんと男性客は顔を見あわせ、首をかしげた。

「三田《さんだ》に一つ、あると思うよ」

と答えたのは、酔っぱらった男性客だ。

「三田?　三田まで、どのくらいですかね?」

「ええっと、一〇キロ程度だな。おう、そうだ、山田に聞いてみろよ。あいつ、三田の出だから」

そうだそうだ、と店のおじさんと男性客が「山田さん」を連れてきた。メガネをかけた、手も背も大きい男性である。この山田さんによると、三田にはまちがいなく銭湯があるらしい。そして店のおじさんと男性客と山田さんは、ああでもない、こうでもないと言いながら、とうとう地図を描きだした。さらに正確を期すために、山田さんは電話帳で三田の銭湯を探しだし、わざわざ携帯電話で連絡してくれた。

　だが、そのあとが問題だった。山田さんは「近道だが困難な」ルートを、男性客は「遠回りだがわかりやすい」ルートを、それぞれ主張しだしたのだ。いうなれば、「冒険ルート」と「安全ルート」の対決である。こうなると、わたしは先が見えた。結局は「安心だから」という理由で「安全ルート」が勝つ。日本人の常識がしゃしゃり出て、「冒険ルート」は没になるに決まっている。この対決と地図作業はえんえんと三十分もつづき、おかげでわれわれは、まったく関係のない情報までぎっしりつまった、すさまじく正確な地図を渡された。もちろん、「安全ルート」の地図である。とりあえず三人にお礼を言って、わたしと芭蕉は店を出た。

「このルートだと、どのくらいよけいに走ることになるんだ？」

　でも結果的には、よけいに走ってもたいした負担にはならなかった。いったん峠をこえたら、あとは下るだけだ。ところが地図の指示どおり、ボウリング場と百円ショップを通りすぎたところで、だんだんおかしくなってきた。念のためにバイクで通りかかった青年に地図を見せたところ、この地図はおかしい、三田に銭湯なんて聞いたこともない、などとのたまうではないか。この青年といっしょに、われわれは駅に向かい、だれかつかまえて銭湯の場所を確かめることにした。バイクの青年は地元の人間として、三田に銭湯があるのかどうか、なんとしても確かめたいとみえる。

駅の前で、この青年は大胆にも一組の若いカップルを呼びとめ、男性の目の前に地図を広げた。そして青年と男性が地図を前に頭をひねる間、カップルの女性は悪臭のただよう薄汚れたわれわれガイジン二人組をいやがることなく、気さくに話しかけてくれた。酔っているとみえ、にこにことじつに朗らかで、まことに機嫌が麗しい。

西国巡礼の途中なんです、と説明したら「かっこいいわぁ!」と大声でさけんでくれた。サウナに泊まったり、公園に泊まったりするんですよ、と教えてあげたら、またしても「かっこいいわぁ!」と金切り声をはりあげてくれた。そこで調子に乗って「ぼくたち、くさくないですか?」と聞いたら「いいえ、ちっとも」ときた。これは、重症だ。ぐでんぐでんに酔っぱらっている。水のしたたる、いや「酒」のしたたる、いい女だ。彼女が「かっこいいわぁ!」とさけぶたびに、連れ合いの男性は気が気でないらしく、だんだん地図を見る目がおざなりになってきた。一刻も早く、ガイジン巡礼から愛しい彼女を引きはなしたいらしい。とうとうこらえきれず、男性は地図談議を強引に打ち切って、大事な彼女の腕をひっつかみ、引きずるようにして行ってしまった。「あの人たちねぇ、かっこいいのよぉ」としきりに話しかける彼女の声が、だんだん遠ざかっていく。

とにかくこれでバイク青年は、銭湯の見当がついたらしい。でも、われわれを解放する気はないとみえ、ぼくもこの目で確かめたいからと、わざわざ銭湯の前までついてきた。

ここでようやくバイク青年と別れ、わたしは期待に胸を躍らせて、「一、二の三」で勢いよく扉をあけた。しかし三田の銭湯の番台にいたのは、若いきれいな女の子ではなかった。中年のおばさんだ。田舎にはめずらしいガイジンを見ても眉一つ上げるでなく、おばさんは平然とわれわれを見下ろした。それもそのはず、さっき立ち寄った食堂からの電話で、われわれのことを知っていたのである。

平然としたおばさんの顔を見て、わたしはピンときた——このおばさん、きっと風呂をがんがんにわかして、おれたちを早々に追いはらう気だ。日本ではなぜか、ガイジンは「熱い湯が苦手」ということになっている。しかしそれを言うなら、地元のお客さんも同じはずだ。はたしてわれわれが脱衣場で服を脱ぐ間に、予想どおりのせりふが聞こえてきた。

「まあ、ちょっと、今日はばかに熱いじゃないのっ！」

壁ごしに女湯から、番台に文句を言う声がする。それに対して番台のおばさんは、そうだねえと言わんばかりに低くうなってみせた。

風呂場に行き、おそるおそるつま先を湯に入れたら、たしかに熱い。煮えたぎる湯のようだ。それでもわたしは意地になってすこしずつからだを沈めていき、ついに肩までつかってみせた。

風呂場にやってきた縮れ毛の男性客は、つま先を風呂に入れたとたん、悲鳴をあげた。

「うわっ！　ちょっと、おばちゃん、熱すぎる。ぬるくしてくれよっ！」

とりあえず文句を言って、男性客は風呂場の隅にある水の蛇口を開けたが、湯につかろうとはしなかった。

わたしは思いきって、この男性客に声をかけてみた。

「あのう、このお湯、いつもより熱いんですか？」

「ああ、熱いなんてもんじゃねえよ、ほんとに」

やはり、わたしの勘は当たった。さっきの男性客の息子さんたちが一風呂浴びにやって来たが、こちらもとうとう湯につかれなかった。その間にも、女湯からひっきりなしに苦情がもれてくる。

とうとうこの日、客はみんな帰っていった。残るは、わたしと芭蕉だけだ。

「あのおばさん、こうなったら早く店じまいして、おれたちはもちろん、あとから来る客もぜーんぶ、しめだすんじゃねえの」

「その前におれたちを追いだそうとやっきになりすぎて、常連客まで失うさ」

＊

銭湯を出たら、午後十時になっていた。亀岡スポーツパークで目をさまし、「木の検査」にいそしむ例のおじさんと出くわしてから、まだ十四時間しかたっていないとは——。嘘のようだ。

「三田にもスポーツパークがあるかな?」

あった!　駅のすぐ向こうの幹線道路に立つ看板によると、城山スポーツパークという施設が、コンビニの隣にあるらしい。このコンビニでアイスクリームを買って、われわれはスポーツパークに入った。ちなみにコンビニでは、客も店員も髪をオレンジ色に染めていた。店員も、三人の客も、エンジンをふかしたまま急いでタバコを買いにきたトラック運転手も、なぜか全員オレンジだった。

わたしと芭蕉はスポーツパークの駐車場に自転車をとめて、階段を上り、グラウンドにあがった。道路からかなり奥まったところにある、だだっぴろいグラウンドだ。水洗いした下着をほしたり、ベッド代わりにしたりできるベンチも、山ほどある。さっそくわたしはベンチを四つつなぎあわせ、大きな即席のベッドをこしらえた。かたや芭蕉は、例によって例のごとく、地面にごろんと寝そべって夜を明かした。

編集部註：京都・清水寺の名誉のために書き加えます。短い時間しか清水寺にいることのできなかった二人には、金儲けのお寺と映ったかもしれませんが、京都や奈良の古刹《こさつ》には檀家を持たないお寺が多くあります。したがって、寺の清掃や環境保持、文化財保護などはすべてお寺自体が守らなければなりません。多くの観光客が訪れる清水寺も、多くの経費がかかってくるのです。安心してお寺に参拝できるのも、こうしたお寺の努力によるものです。私どもの経験でいえば、清水寺は最もお金に対して寛容なお寺であります。

第七章 日本海へ

——三田《さんだ》から天橋立《あまのはしだて》——

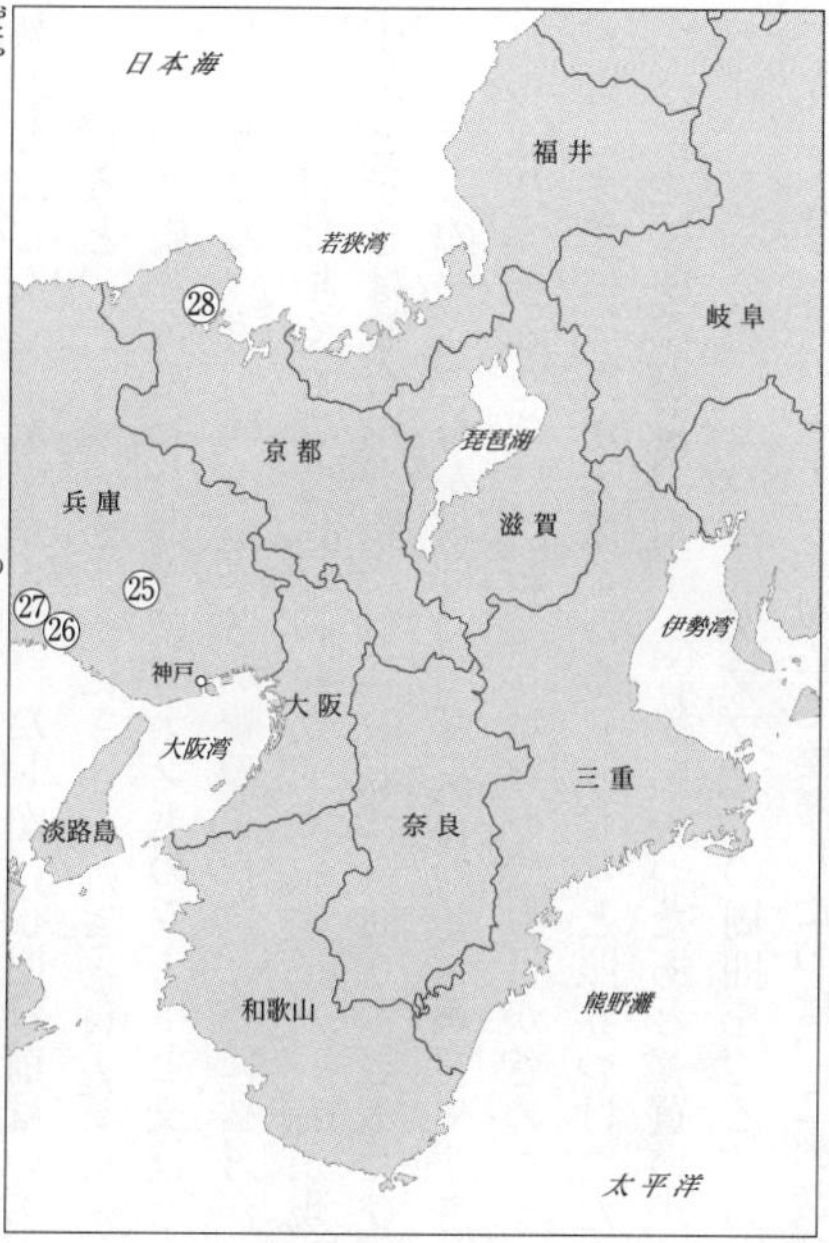

㉕清水寺《きよみずでら》　㉖一乗寺《いちじょうじ》　㉗円教寺《えんぎょうじ》
㉘成相寺《なりあいじ》

衰《おとろ》ひや歯に喰いあてし海苔《のり》の砂——松尾芭蕉、一六九一年

"Ebbing strength
my teeth detect a grain of sand
in the dried seaweed."

一日でいちばん冷えるのは、夜明け前だといわれている。日没と同時に、地面から熱がどんどん逃げだすからだ。たしかに夜明け前はいちだんと冷え、わたしは寒さをしのごうと、シーツをからだにきつく巻きつけた。このシーツはちょうど一週間前、大阪の家族と合流したときに、テントのシートと交換したものだ。だが太陽が顔を出したとたん、夜明け前の寒さが嘘のように、急に猛暑がぶりかえした。

この日は早くも五時に最初のウォーキング愛好者が現れ、グラウンドを大股にずんずんと歩きはじめた。われわれのそばを通りすぎるたびに、いったいだれだろうと首を伸ばしのぞきこむが、けっして歩行のリズムをくずさない。この人が足音を立てながら通りすぎるたびに、わたしはいやでも目がさめた。やがて六時を回り、十五分過ぎにはすでに太陽が天高くからじりじりと照りつけたため、わたしは〝ベンチベッド〟に寝ころびながら、帽子(菅笠を失ったあと、買い求めたものだ)とサングラスをつけざるをえなくなった。グラウンドの周囲をぐるぐると回るウォーキング愛好者に「おはようございます」と初めて挨拶したのは、この数分後のことだ。ちょうど三周目に入ったウォーキングおじさんことマサは、公園にウォーキングにやって来た三人目か四人目だと思うが、われわれに単なる好奇心以上のものを感じた初めての人だった。次に通りかかったとき、わざわざ立ちどまって声をかけてきたのは、そのせいだろう。

「ここで寝たのかい？」

「ええ。近所にご迷惑でないと、いいんですけど」

「いや、迷惑なんて、心配しないでいいさ。でも、蚊がうるさかったんじゃないの？」

「疲れてたんで、気にもなりませんでした」

このあとマサはグラウンドを一周し、また声をかけてきた。

「どこに行くの？」

「清水寺に。西国三十三か所を巡礼中なんです」

「ほーう！　そりゃあ、すごい。よくがんばってるなあ」

そしてまた、マサはグラウンドを一周してきた。

「おれも若けりゃ、巡礼したいもんだ」

「まだじゅうぶん、お若いじゃないですか」

「引退したばかりでね。もう五十九だよ」

「やっぱりね、まだお若いですよ。だいじょうぶ、巡礼できますよ」

さらに一周してきたところで、マサはわたしのベンチに腰かけた。

「おたくらのこと、もっと早くわかってりゃあ、きのう泊めてあげたのに」

「それはどうも、ご親切に。でも、慣れてますから」

「どうだい、うちでシャワーを浴びて、朝飯を食ってかないか？」

「いえ、お気持ちだけでけっこうです。奥さん、腰を抜かしますよ。まだ寝てらっしゃるんじゃないですか」

「ああ、たぶんね。でもね、女房を驚かすのはおれの趣味なんだ。あっちも、もう慣れっこでさ。だから遠慮しないで、いらっしゃいよ。おたくらを、女房と息子に紹介したいんだ。うちの息子はね、世界中あっちこっち旅して回ったんだ」

そこでマサが最後の一周をせっせとウォーキングしている間に芭蕉と相談し、断るにはあまりにもったいない申し出だということで、おたがいにうなずきあった。

「でも、まず奥さんに電話して、ガイジンが来るってこと、言っといたほうがいいんじゃないですか」

マサの好意に甘えて、マサ宅へと自転車を押しながら、わたしは念のために忠告した。

「ぼくにも妻がいるんで、朝の七時前に見知らぬ人を朝食に誘ったらどうなるか、よーくわかるんですよ」

「だいじょうぶだって！　心配しなさんな。ははっ、ワクワクするよ」

マサ宅に到着したとき、マサの奥さんはありがたいことに、すでに起きだして庭いじりをしている最中だった。しかもマサの言ったとおり、見知らぬガイジンが突然二人も押しかけてきたというのに、仰天して目をしばたくこともなく、わたしと芭蕉がシャワーを浴びる間に、台所でせっせと朝食を用意してくれた。マサにたたき起こされて、息子さんのトオルものっそりと起きてきたが、突然闖入《ちんにゅう》してきたガイジンを見ても、やはり落ち着きはらっている——ぶきみだ。

「いやあ、うちの親父は気まぐれで、だしぬけに思いがけないことをよくやるんですよ。ここに来る前は神戸にいたんだけど、親父が急にいやな予感がするって言いだしてね。それで、六年前にここに引っこしてきた。で、その三か月後に、神戸で大地震ですよ。あれ以来、親父の言うことには、一応耳を貸すことにしてるんです」

「なるほどね」

「最近、親父は落ち着かないんですよ。一週間前に退職したばかりで、エネルギーがありあまってるんだな。だから、毎朝公園でからだでも動かしたらって言ったんだ」

「で、お父さんは公園にどのくらい通ってるの？」

「えぇっと、今朝で二日目かな」

ここでマサが、待ってましたとばかりに口をはさんだ。

「昔は毎朝、駅まで歩いて、いい運動になったよ。でも退職しちまったから、スポーツパークを十周することにしたんだ。毎日歩いてりゃあ、またおたくらみたいな旅の人たちに会えるかもしれないからね」

マサの奥さんは、豪勢な朝ごはんを用意してくれた。卵やハム、ソーセージもある。さらに、わたしが自転車で転倒してすりむいた傷に、消毒薬までぬってくれた。息子さんのトオルは水泳コーチとして二年ほどモルジブ諸島で働いたことがあるそうで、そのときの写真を見せてくれた。なんでも、モルジブにはスイミングプールがないのに、いきなり競泳チームのコーチを頼まれたそうだ。そこでトオルは競泳陣を海で猛特訓し、インドでの試合にのぞんだらしい。その後もトオルは世界各地を旅してから、帰国したそうだ。

このトオルと、清水寺までいっしょにサイクリングすることになった。最初はマサを誘ったのだが、「ざんねんだけど、今日は三田花火大会を見に孫が来るんだよ」と断られ、それならぼくがと、そばで話を聞いていたトオルが名乗りをあげたのである。

こうしてわれわれは「特別ゲスト」のトオルとともに、午前九時半にマサ宅を出発した。トオルはわれわれと同じように、母親のママチャリに乗って、かかとの低いサンダルに黄色いTシャツというラフな格好で、黒いサングラスをかけていた。トオルは旅の疲れがないので、最初からぶっ飛ばした。しかもわたしや芭蕉と同じように、信号をかたっぱしから無視するので、すさまじく速くて追いつくのが一苦労だ。でも、近道を知っているのはありがたかった。

　こうしてトオルが先頭をきって風をきり、わたしと芭蕉が必死であとを追う格好になった。トオルはわれわれのように旅の疲れがないうえ、尻が痛くないという強みもある。わたしや芭蕉のはるか先を突っ走り、上り坂でわれわれがそそくさと自転車を降りて押しはじめたときに、なーんだ、とがっかりした顔をしたのは、きっとそのせいだ。

　さて**清水寺**（御嶽山《みたけさん》）だが、われわれは歩いて登れる巡礼道がぜったいあるはずだと、最初からにらんでいた。千年前の巡礼が、舗装された道路を一気にドライブしたわけがない。はたして「自動車巡礼」用の料金所のすぐ手前で、左に延びた道を発見し、さっそく自転車をとめて歩きだした。行きつ戻りつするなだらかな山道を登り、やがて本堂に向かう二百二十七段の石段が目の前に現れる。思ったより楽に登れたが、それでも清水寺にたどり着いたときには汗だくになっていた。

納経所にいたお坊さんを見て、わたしはある質問をしないではいられなかった
「あのう、お二人とも柔道をやってらしたのですか？」

二人とも頭をきれいにそりあげ、みごとに筋肉隆々だ。盛りあがった肩の筋肉に、首がすっかりうもれている。

「いえ、でもこいつは昔、相撲をやってました」

という片方のお坊さんの答えに、もう片方のお坊さんは歯をむきだしてニッとわたしに笑いかけてから、頭を後ろにぐいとそらし、首の後ろに何層もできた筋肉の山を見せてくれた。

納経をすませてから、わたしと芭蕉とトオルは寺を出て、自動販売機の脇の日陰で一休みした。清水寺では、お坊さんもデカイが、トンボもでかい。日本一大きいとおぼしき一匹のオニヤンマが、軍隊輸送機よろしく迫力のある姿で騒々《そうぞう》しい音を立てながら、ブンブンとわれわれのまわりを「旋回《せんかい》」した。

そのとき、芭蕉がふともらした。

「なるほどねえ」

芭蕉の視線の先には、ティーに乗ったゴルフボールそっくりの吸殻入れがあった。青いプラスチック製で、中に砂がつまった吸殻入れだ。

「まちがいねえや。ここは観音さまのお寺だ」

「たしかに……。慈悲と恵みとゴルフの女神だな」

えっ、なに、ゴルフの女神？とけげんな顔をするトオルに、われわれは事情を説明してやった。

＊

今日はこのままサイクリングして次の寺までいっしょに行く、とトオルが言い出したときには、さすがの芭蕉もあきれた。

「おいおい、本気かよ！」

それもそのはず、次の一乗寺《いちじょうじ》までは四〇キロもある。しかも、すさまじい熱気だ。巡礼という目的がなければ、なにもわざわざペダルをこいで行くこともない。

でも、トオルは涼しい顔をして言った。

「ほかにやることもないし、おもしろいから。ほんと、ワクワクするよ。このところ一日中、家にこもりきりだったり、仕事探しに明け暮れたりで、いい加減うんざりしてたんだ。おれのこと、本気かなんて言わないでくれよ。おたくらだって、本気かって疑いたくなるようなことを、もう一か月もやってるじゃない。一日ぐらい、どうってことないでしょ」

まあ、たしかに、それはそうだ。

結局、わたしと芭蕉はトオルとともに、国道三七二号を瀬戸内海のほうへ南西に下った。谷間から吹きあげる涼しいそよ風に、田んぼの稲がいっせいに波打つ。気持ちいいと感じる程度の、ちょうどいい向かい風だ。

わたしはふと「迷案」を思いつき、芭蕉に向かって声をはりあげた。

「おい、自転車で短時間に距離をかせぐ方法を思いついたぞ」

「どうやるんだ?」

「いつでもどこでも、下ればいい!」

やがて下り坂は平地にたどり着き、高速道路の下をくぐりぬけて、社《やしろ》町に入った。トオルの案内で近道を選んで走り、トオルにくっついて信号をかたっぱしから無視して飛ばし、すいすいと走る。といっても、わたしも芭蕉も普段からあまり信号を守るほうではないので、たいして変わらない。

ふたたび国道三七二号に入った時点で、気温は三十七度に達した。コンビニで一休みしたとき、あまりの暑さにのどが渇き、わたしは一・五リットル入りのグレープフルーツジュースを一分もたたないうちに飲みほしてしまった。

芭蕉も、日本の蒸し暑さにはほとほと辟易《へきえき》していた。

「おいおい、クレイグ、なんでよりよってこんな時期に、巡礼しなきゃならねえんだよ？　おまえ、あれだけ日本を旅して回って、日本の夏のことがまだわからねえのか？　たしかに日本の夏は暑いって、おまえから聞いてたよ。でもこんなに暑いだなんて、夢にも思わなかったぜ、ふう」

「しかたないだろ。おれたち、ほかに時間がないんだから。日本で夏に旅するたびに、もう夏にはぜったいどこも行かないぞって誓うんだけど、旅を終わるとついつらいことやいやなことはきれいさっぱり忘れてしまって、いいことしか心に残らない。で、また新たに計画を立てて、ワクワクするんだ。まあ、言ってみれば、酒飲みといっしょだよ。二日酔いで死にそうになるたびに、二度と酒なんか飲むものかと誓うのに、二、三日もすればすぐにまたビールに手が伸びる。日本の旅に関しては、おれも二日酔いと似たりよったりだな」

われわれは一乗寺（法華山）をめざして、歩き巡礼用の近道を行くことにし、自転車を押してけわしい山道をえっちらおっちら登っていった。でも、この巡礼道が舗装道路とつながったため、途中からはすいすいと自転車を走らせて寺に着いた。

しかし着いたはいいが、一乗寺の駐車場にはエンジンをふかしたままの大型観光バスが、二台もとまっていた。おかげで石段を登って本堂に着く前に、かなり混雑していそうだと覚悟を決めさせられた。納経するまでに、かなり待たされそうだ。

でも、芭蕉はくよくよしなかった。

「心配すんな。のんびり待ちながら、本堂や境内を見学すりゃあいい」

しかし、芭蕉は読みが甘かった。本堂は大きな青のネットですっぽりおおわれ、「補修中につき、ご迷惑をおかけいたします」という看板が立っていたのだ。一一七一年に建立された国宝の三重塔は見られたが、仮設の納経所は混乱をきわめ、エンジンをふかすバスの音がうるさい。

仮設の納経所には窓口が二つあり、それぞれの前で二社の旅行会社の添乗員がそれぞれ血まなこになって、持ってきた納経帳と巻物と白衣にぜんぶ納経してもらうべく奮闘中だった。旅行会社の制服を着た片方の女性添乗員は、お客さんの納経帳と巻物と白衣をそれぞれ二十三組もかかえていて、納経もれがないかどうか、慎重に何度も数えなおしている。万が一、一冊でも納経もれがあったら、首が吹っ飛びかねないだけに真剣だ。もう一人の添乗員も同じく、納経所の納経係を独占していた。

それを見て、芭蕉がフンと鼻を鳴らした。

「また、仏教の安売りかよ」

同じような光景なら、わたしもこれまでいやというほど見てきたから、芭蕉の気持ちがよくわかる。

「なあ芭蕉、ああやって納経を人まかせにする巡礼バスツアーの客たちは、三十三か所を回っても、自分ではいっさい納経しないんだ。納経所でお辞儀して、納経帳をうやうやしく差し出し、納経所の人と言葉をかわして、納経を終えた帳面を乾かし、努力の証である納経帳をほこらしげにながめる喜びを、何一つ味わおうとしない。面倒な納経はぜんぶ添乗員にまかせて、さっさとお参りに行き、時間を無駄にしないでさっさと次に行こうって魂胆さ」

「それじゃあ、巡礼とは言えないんじゃねえの？」

「もちろんさ。言えないよ」

三人で休んでいたとき、トオルが納経所の添乗員や本堂の青いネットを見て「興《きょう》ざめ」という日本語を教えてくれた。

「あーあ、興ざめだな。興ざめってのは、思ったより悪くて、しらけてしまうことを言うんだ」

トオルはしゃがんでタバコを吸いながら、だれもが思う疑問を口にした。

「本堂が建て替え中でお参りもできないのに、なんで三百円も拝観料を取るのかな」

「わざわざここまでいっしょに来たのに、なんだか悪いね」

「ううん、ちっとも。ぼくはおたくたちといっしょにいたくて、来ただけだから。いやあ、ほんと、楽しかった。本物のスリルを味わわせてもらったよ」

「おれたちもトオルと旅ができて、いい思い出ができた」

「まったくだよ。クレイグ以外の人と話ができて、おれは涙が出るほどうれしかった」

ほんの一時とはいえ、英語を話せる新たな連れができて、芭蕉はストレスを解消できたようだ。

四時半にこの寺を出て、トオルは三田に戻った。三田の自宅まで、少なくみても四、五時間はかかるという。かたやわたしと芭蕉は、一二キロほど離れた城下町の姫路に向かった。噂によると、今晩姫路では夏祭りが開かれるらしい。

*

噂にたがわず、姫路城南の路上や公園は夏祭りでにぎわっていた。色あざやかな浴衣姿の女性や、出し物に興じる子どもたち、明るい照明や、はなやかな雰囲気につい浮かれて、わたしと芭蕉も自転車を降り、さっそく仲間に入れてもらった。いかにも夏祭りらしく、焼き鳥やから揚げの屋台が出ており、芭蕉は生まれて初めてたこ焼きを賞味するまたとないチャンスに恵まれた。この夏祭りで、白衣姿をしたわれわれガ

姫路城を望む今夜の宿

イジン巡礼以上に目だつ人がいるとしたら、スーツ姿のモルモン教徒ぐらいだろう。この点について、芭蕉とわたしは意見の一致をみた。それにしても、どこを見ても携帯電話だらけなのには驚いた。夏祭りを見下ろすように高くそびえた姫路城が、美しくライトアップされて夜空にはえる。

姫路城の周囲には、広々としたグラウンドやお堀、高い石壁や公園がある。いわゆる市民のいこいの場だ。今晩は雨が降らないとみて、われわれは公園の芝生にマットを敷き、姫路城を愛《め》でながら眠りにつくことにした。

「姫路のホテルのスイートルームより、はるかにいいながめだぞ」

と喜ぶわたしに、芭蕉も深くうなずいた。

「値段も手頃だ。タダだぜ、タダ」

*

姫路を出発したわれわれは、道標にしがたって北西へ向かった。めざすは第二十七番札所の円教寺《えんぎょうじ》(書写山《しょしゃさん》)がある書写山だ。日曜日の早朝だけに、車は少なく、静かだった。まだ八時半だが、起きてからすでに三時間もたっている。この円教寺で、われわれは巡礼としての信念を試されるはめになった。ロープウェーに乗るか、えっちらおっちら歩いて登るか、決断をせまられたのだ。すぐには心を決めかねる厳しい選択だったが、なんとなんと意外なことに、芭蕉が「歩いて登る」と言い出した。そんな芭蕉にくらべ、わたしの信念ははなはだ心許《こころもと》なかったが、芭蕉のただならぬ熱意に打たれて、いっしょに歩いて登ることにした。

「だってよ、クレイグ、このパンフレットによると、書写山を登った者はだれでも心身ともに清められるんだと。まさにおれにぴったりじゃねえか」

「よーし、わかった。おれだって、心身ともに清められたおまえが、ぜひとも見たい。とりあえず、からだだけは清めてくれ。おまえ、におうぞ。さあ、行くか」

現代風に解釈すると、おそらくロープウェーで登っても「書写山を登った者」となることは、あえて言わないでおいた。

しかし、汗水たらして登るだけのことはあった。芭蕉の決断は正しい。そう、確固たる信念をもった巡礼は、ロープウェーなどという楽な道に逃げてはならないのだ。ロープウェーは、物見遊山《ものみゆさん》でやってきた観光客にまかせておけばいい。われわれは滝のような汗を流し、ぶつぶつと文句を言いながら、むきだしのごつい岩やぼうぼうの草をものともせず、えっちらおっちら登っていった。やっとのことでロープウェーの駅にたどり着いたときは、困難な壁を一つ乗りこえた充実感で、胸がいっぱいだった。ここからロープウェーで楽に登ってきた人も、聖なる山の頂上まで、蔓草《つるくさ》がはびこる道を一キロほど歩かなければならない。

それにしても、こっちが必死で山を登りきったあとで、車やロープウェーで楽に登ってきた人たちを見るのは、何度体験しても気持ちいいものではない。達成感が色あせてしまう気がするのだ。山頂の寺まで車で乗りつける坊さんも、見ていて腹が立つ。聖なる山を歩いて登るのは、坊主の苦行の一つではないのか。

今、われわれの周りには、豹柄《ひょうがら》のブラウスとぴっちりした紫色のジーンズとかなり高いハイヒールをはいた女性や、うば車を押した女性、格子縞《こうしじま》のゴルフズボンにアロハシャツ姿の男性など、ロープウェー駅から寺まで歩くつもりで来たとはとても思えない参拝者がいた。対照的に、空手道場から走ってきた、やる気満々の参拝者もいる。

われわれはお参りと納経をすませ、本来あるべき巡礼をやったというほこりで顔を輝かせながら、登ってきたのと同じ道を下りた。だが円教寺までロープウェーでぬくぬくと登るかわりに、信念を貫いて滝のような汗を流しながら登ったせいか、わたしも芭蕉も虚脱状態で気力がなかった。次の札所は日本海に面した成相寺《なりあいじ》で、かなり距離がある。なんと、約一二〇キロも離れているのだ。おかげでわたしは三十分近く意識が朦朧《もうろう》とし、気がついたら、行くはずだった近道ではなく、来た道をそっくりそのまま引きかえして、姫路城の前にいた。このルートだと次の谷間まで大回りすることになるが、平らな道で助かった。近道ルートだと、また山を登らなければならない。そこで南に大回りするルートを走りだしたところ、ある文字が目に飛びこんできた——「銭湯」。

「おおっ、芭蕉くん、一風呂浴びないかね」

「いよっ、待ってました」

ということで、わたしと芭蕉はさっそく長風呂としゃれこんだ。

＊

わたしと芭蕉は、銭湯で手洗いした白衣を乾かさずに、ぬれたまま着て出発した。どうせものの十分で汗だくになるのだから、ぬれたままでもかまわない。次にめざすは、はるか北の日本海だ。おおざっぱに言うと、えんえんと延びる川にそって分水嶺をこえ、えんえんと延びた川ぞいを日本海まで突っ走ることになる。

そのとき、芭蕉が急にすっとんきょうな声でわめき散らし、わたしは驚きのあまりあやうく自転車からころげ落ちそうになった。

「ビートル！　ビートルだっ！」

「わ、わかった。これで——十四・五対三だな」

体勢を整え、やっとのことで答える。

「ちがう。一四・五対四だよ、四」

「わかった、わかったよ、芭蕉くん。一四・五対四だ」

「めざせ芭蕉よ、大逆転だ。一直線に突き進めーっ!」

芭蕉は突然、らんらんと目を輝かせ、生気を取り戻した。ことほどさように、ほんのささいなゲームでも、絶大な威力を発揮することがある。すさまじい熱気のなか、一二〇キロも自転車で走るなんて——とくよくよ悩まずにすんだのは、ひとえにビートル・ゲームのおかげだ。

途中、昼食に立ち寄ったラーメン屋で、わたしはベジタリアンの芭蕉のために「肉は抜いてください」と特別に注文をつけてやった。

「はい、肉抜きですね」

と女性の店員さんも、きちんと確認した。しかし、である。店員さんが厨房《ちゅうぼう》に伝え忘れたのか、それとも肉を食べないガイジンなんてガイジンではないと勘違いされたのか、できあがった芭蕉のラーメンの上には、見るからにうまそうな分厚い焼き豚が、一枚でんと鎮座ましましていた。

「なんだよ、ちくしょう。おまえ、肉抜きって言ってくれたんじゃねえのか」

「言ったよ、ちゃんと。そんなに心配するなよ。おれが食ってやるからさ」

とにもかくにも腹ごしらえをすませ、われわれはまた旅をつづけた。思いのほか建物が多い川ぞいだが、広くて平らだ。実際にはそうと気づかぬほど、ゆるいなだらかな上り坂になっているのだが、わたしも芭蕉も傾斜をほとんど感じず、すいすいとペダルをこいだ。ちょうど地元のライオンズ・クラブが「川のクリーンキャンペーン」活動中で、わたしはこのクラブの面々に心から拍手を送った。

自転車を押して山道を登るのが趣味——などという人は、まずいないだろう。でも、下り坂を一気にかけ下りるのは、だれでも楽しいはずだ。わたしと芭蕉も、下り坂を大いに楽しませてもらった。二十四キロほど先まで、ほぼずっと下りだ。そのせいか、わたしも芭蕉も上り坂では不満たらたらだったが、峠についたとたん元気になった。われわれの気分がうつったのか、天気までよくなってきた。下り坂だから、ペダルをこぐ必要もない。田舎らしい心安らぐ自然を満喫できる。歩道が広く、往来の少ない通りで転倒しないよう、気をつけるだけだ。道中、疾風のように猛スピードで走りすぎるわれわれに気づき、畑仕事のおばさんたちが顔をあげては「こんにちは」と、大声で挨拶してくれた。

しかし静かな山道は、和田山町で終わりを告げた。この先は、往来の激しい国道九号を行くしかない。わたしと芭蕉はまたしても、国道に悩まされることとなった。往来の激しい国道だけに、食事するレストランには事欠かないし、学校があるから寝場所にも困らない。だがたまたま通りかかったレストランのガードマンにきいたところ、銭湯だけはどこにもないという。ためしに、ガソリンスタンドの店員にも聞いてみた。

「銭湯？　温泉なら、たしか七、八キロ先にありますよ。峠のところに。ええっと、ここだな」

その店員は、ここだ、と地図を指さしてくれた。ありがたいことに、ちょうど予定ルートぞいだ。まちがいなくここにある、と店員さんは自信たっぷりで、夜中までやっているはずだと断言した。

巡礼も十八日目になるが、今日ほど長くてつらい日はない。腹ごしらえをすませたあと、レストランの駐車場で二人のおじさんに声をかけ、まちがいなく温泉があることを確認できたので、わたしはしぶる芭蕉を説得し、温泉探しに出かけた。ところが午後の七時十五分になってもまだ、こうしてペダルをこいでいる。道が二股に分かれるところに出たら「ぜったい右に曲がるな」と、さっきのおじさんに三回も念を押されたので、われわれは左に行き、またしても自転車を押しながら山道を登ることになった。当然ながら、芭蕉はえらく不機嫌だ。気がつけば、芭蕉とはだいぶ距離が開いてしまった。しかたなく道端にすわって、背後の暗がりに目をこらし、今にも消えそうなヘッドライトが一つ、のろのろと上がってくるのを待ちわびた。しかし、時折車の強烈なヘッドライドが見えるだけで、芭蕉のママチャリのヘッドライトはいっこうに現れない。なぜ芭蕉は、こんなに遅れてしまったのだろう。えんえんと、待ちに待ってやっと、芭蕉がよろめきながらやってきた。しかし出発したら、また遅れる。これ以上わたしもスピードを落とせないので、とりあえず先に峠まで登り、終夜営業のうどん屋で温泉の場所を確かめて、芭蕉が来るのを待つことにした。

いまにも倒れんばかりによろめきながら、ようやく峠にたどり着いた芭蕉は、息も絶え絶えだった。

「な、なんでこう毎日、じ、人生でいちばんつらい日ばかり、つ、つづくんだよ」

だが、苦労した甲斐はあった。夜久野荘《やくのそう》温泉は、文句なしにすばらしい温泉だった。唯一の不満といえば、建物が二階建てで、洗い場と温泉が二階、水風呂と露天風呂が一階、と分かれていたことぐらいだ。一階と二階を結ぶ階段が、やけに長く感じられる。それでも夜遅く、不意に現れたガイジン巡礼を、夜久野荘の支配人はいやな顔ひとつせずに温かくもてなしてくれ、わざわざ更衣室まで案内してくれた。こうしてわたしと芭蕉は一時間ほど、心ゆくまで湯につかり、旅の疲れを洗い落とした。

一風呂浴びてさっぱりし、われわれは温泉を出て、幹線道路のトラックサービスエリアに到着した。時刻は、午後十時十五分――。すこし前の日本には、駐車場にとめた車の中で夜を明かすドライバーなどいなかった。しかし西暦二〇〇〇年のいま、駐車場で一晩明かすドライバーは、驚くほどふえた。一応「トラック」サービスエリアだが、この駐車場にはトラックはもちろんのこと、ライトバンやふつうの車も所狭しとひしめきあい、そこかしこでエンジンをふかしたまま、みんなグウグウお休み中だ。運転席にカーテンを引いて寝ているトラックもあれば、リクライニングシートを下げてダッシュボードに足を載せてお休み中の車や、三、四人かたまって仲よく眠る車もある。日本の田舎には客不足を嘆く旅館がごまんとあるが、それは現代の旅行者の要望を満たしていないからだろう。新ミレニアムのいま、日本で旅行といえば「安上がり」があたりまえになった。それなのに旅館は相変わらず、国民の金回りがよかった十年前の高い値段をいっこうに下げようとしない。そもそも供給と需要は、表裏一体のはず。時代とともに需要が変われば、供給も変わってあたりまえだ。しかし観光地の旅館経営者はなぜか、このあたりまえの道理がいまだにわからない。

われわれは、一晩明かせる車もライトバンもないので、次善の策をとることにした――駐車場で、じかに寝ることにしたのだ。いや、正確に言えば、駐車場の上だ。駐車場の奥にみょうな形の塔があり、その階段を上った地上三メートルの地点に、鉄筋の「踊り場」があった。この塔は、一昔前にトラックサービスエリアの巨大な宣伝塔として使われていたものだろう。それがいまは用なしとなり、打ち捨てられたというわけだ。でも、われわれのような一見《いちげん》の旅人が利用できるのだから、あながち用なしとは言えないか。空が晴れ、雨が降る気配がないのをいいことに、われわれは満天の星空の下、さっそくコンクリートにマットを敷き、駐車場にずらりと並んだ車を眼下に見下ろしながら、ここを一夜の「ホテル」とさせてもらった。

＊

巡礼に出て十九日目の今日は日本海にたどり着く予定だが、その前にまた山をこえなければならない。谷間を通って行ったほうが楽なのだが、それだとかなり遠回りになる。地図を見るかぎりでは、山をこえていくのが一番の近道だ。ただし、山といっても一つではない。三つもある。

まずは、最初の山だ。谷間の田んぼをぬうようにして山を登り、後半の三十分はいつものように自転車をえっちらおっちら押してやっと、一時間ほどで峠をこえた。時刻は、午前十時。登りには一時間かかったが、下りは例によってブレーキをキーキーきしませながら疾風のようにすっ飛ばし、わずか五分で下りきった。

第二の山では、畑仕事をしていたおばさん二人から「ヘビのように曲がりくねった山道だから気をつけてね」と注意を受けて、きっかり午前十一時に峠へ到着した。だくだくと汗を流しつつ、車など通るわけのない山道のど真ん中で一休みしてから、ここでも盛大にブレーキをきしませて一気に山をかけ下りる。これで、山を二つこえた。残るは、あと一つだ。最後の山にさしかかる前に、道が日本海に向かう幹線道路の国道一七六号とぶつかり、ちんまりとした集落にさしかかった。

白衣姿のわれわれを見て、畳屋のおじさんが出てきた。おじさんが一人きりで切り盛りする店らしい。

おじさんは、われわれの愛車を見て噴きだした。

「こりゃあ、長旅用の自転車じゃないよ」

「ええ、そうなんです」

畳作りに興味を持った芭蕉のために、おじさんは親切にも仕事ぶりを見学させてくれた。畳職人になって三十年という熟練の職人さんで、おじさんで二代目だという。ここで芭蕉が英語である質問をした。できれば通訳したくない質問だったが、しかたなく聞いたら、おじさんは悲しそうに答えてくれた。

「ああ、この店はおれで最後だね。息子は畳作りなんて、てんで興味ないんだ。おれが死んだら、この店も終わりよ」

こぢんまりとした作業場にイグサの香りが色濃くただよう。なんだか、ほっとした。

芭蕉も同じ思いをいだいたらしく、店を出るときぼそりとつぶやいた。

「おれ、畳にならじかに寝ても気にならねえなぁ」

さあ、最後の山に挑戦だ。ただしこの山は、峠まで登らずにすんだ。国道一七六号は、よほど重要な幹線道路らしい。山中にトンネルがあり、山頂まで登る手間がはぶけたのだ。さすがの芭蕉もこんどばかりは、トンネルを見てうれしそうな顔をした。

この先、日本海まで二二キロは、ほぼ下り坂だ。トンネルを抜けた芭蕉は、すっかり頰《ほお》がゆるんでいる。これが歩きなら四、五時間かかるところだが、ママチャリならあっという間だ。

こうしてわれわれは午後二時四十分、ようやく日本海に出た。目の前に、日本海と宮津湾《みやづわん》、その間に天橋立《あまのはしだて》が広がる。天橋立の北をぐるりと回り、めざす札所を目前にして、わたしと芭蕉はまたしても決断をせまられた――歩いて登るか、すわって登るか。ケーブルカーに乗れば、第二十八番札所の成相寺《なりあいじ》まで楽に登れる。歩くなら、四キロの道をえっちらおっちら、よじ登るしかない。ここでも芭蕉は円教寺のときと同じように、がらにもないことを言い出した――おれは、この足で登るぞ。今日はここまで三つも峠をこしたし、成相寺まで急な坂がつづくので、芭蕉はぜったいケーブルカーに乗るとばかり思っていた。正直なところ、意外だった。芭蕉のめったにない殊勝な決意に敬意を表し、自転車を押して登ることにしたのは、言うまでもない。

途中、農業用トラックで登ってきたおじさんに声をかけられた。農協の帽子をかぶったおじさんだ。

「よかったら、乗っけてってやるよ。自転車を荷台に乗せて、あんたらは前に乗りゃあいい」

「ご親切に、どうも。でも、結構です」

「えっ、上まで歩くつもりかい？　自転車を押して？」

「いや、あの、歩きたいってわけじゃないんですけど。歩くって決めたんです。せっかくここまで、がんばったし」

「ああ、なるほど。修行中ってわけかい」

山道はけわしくなるいっぽうで、とうとう押しても自転車が動かなくなった。こんなに急な坂道は、生まれて初めてだ。車で登る巡礼さんたちも、かなり苦労しているらしい。いくら車でも、雨の日には登れないだろう。けわしさを証明するように、山道は平らなアスファルトの道路ではなく、タイヤがすべらないように深く溝をつけたコンクリートの道路になっていた。わたしも芭蕉も盛大に汗を流し、ええい、ちくしょうと文句を言いながら、息を切らせて必死に踏んばり、シャワーでも浴びたように汗で全身ずぶぬれになりながら、やっとのことで最後まで登りきった。

しかし、これほどがんばったというのに、寺の駐車場の料金係はにこりともしてくれなかった。しかもだ。

「一台につき五百円」

などと、冷たく言いはなつ。

これにはさすがに頭にきて、わたしも芭蕉も英語で毒づいた。

「ええいっ！」

「なんて野郎だ！」

「クソ暑いのに、必死に力を振りしぼって、こんなに急な坂を登ってきたんだ。なのにあの野郎、料金のことしか言わねえ。それも、料金をいただきます、じゃなくて、払えときた。にこりとしなけりゃ、挨拶もない。なあクレイグ、おれ、むなしくなってきた。こんなに苦労して、いったい何になる？　ちっくしょう、頭にくるなあ。あーあ、疲れた」

＊

成相寺（成相山）の本堂には、一万円札や五千円札しか持ってこなかった参拝者のために、両替機が設けてあった。お札を入れれば、千円札に両替される機械だ。身体障害者用の施設を見たのも、成相寺が初めてだった。本堂まで、車椅子ごとエレベーターで上がれるようになっている。成相寺はまちがいなく、静かな心安らぐ寺の部類に入るだろう。しかしざんねんながら、わたしも芭蕉も自転車を押して登ってきたため汗だくで、しかも駐車場の料金係に冷たくあしらわれたことが尾を引いて、静かな境内を満喫する気にはなれず、さっさと寺を出ることにした。こうなれば、日本海にドボンと飛びこんで、気分爽快《そうかい》になるしかない。

ブレーキを派手にきしませながら、山道を一気にかけ下りるのは、今日だけですでに四度目だ。ハンドルブレーキを力いっぱいにぎりしめても、スピードはほとんど落ちない。こうして飛ばしに飛ばし、われわれはこんどもあっという間に山をかけ下りた。あと十分ほど東に走れば、日本三景の一つ、天橋立に行ける。天橋立は松の木立におおわれた細長い砂州で、約三・五キロ離れた宮津湾の北と南をほぼ縦断する。母なる自然が茶目っ気をだして作った砂州、というところか。

天橋立は自然の美をほこる日本有数の観光地だけに、夏休みの今日、大勢の観光客でにぎわっている――と思いきや、われわれの予想はもののみごとにはずれた。西暦

天橋立で海水浴

二〇〇〇年の今日、天橋立は閑散としていた。駐車場の料金係は暇を持てあまし、ホテルや食堂は「稼ぎどき」どころか「シーズンオフ」という有り様だ。

せっかくここまで来たのだからと、われわれは天橋立に自転車でくりだすことにした。白砂に寄せては返す波が、こっちへおいで、早くおいで、と手招きする。せっかくの「お誘い」なので、わたしも芭蕉も浜辺に自転車を置いて、白衣姿のままえいやっと海に飛びこみ、観光に来ていた数少ない家族をのけぞらせ、痛快で胸がすっとした。

第八章

見覚えのある道

——天橋立《あまのはしだて》から彦根——

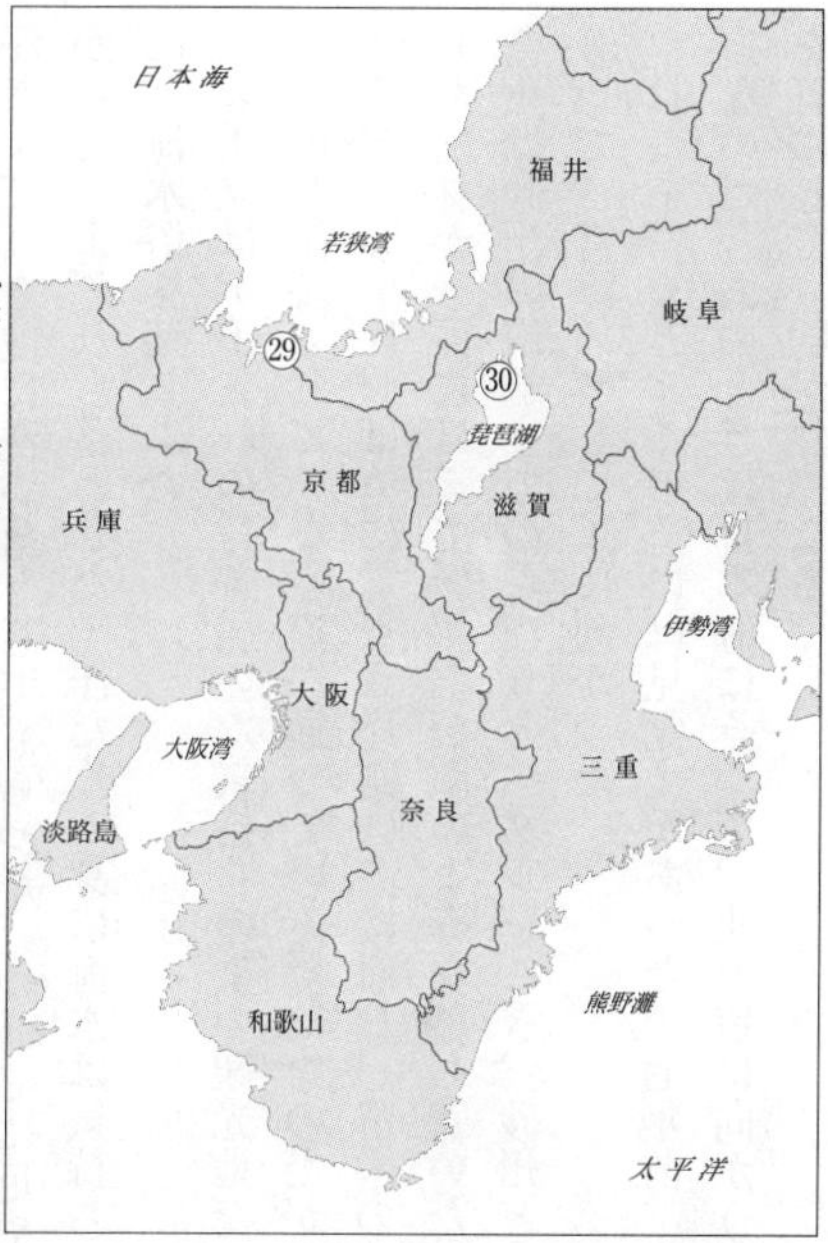

㉙松尾寺《まつのおでら》　㉚宝厳寺《ほうごんじ》

稲妻や闇の方《かた》行く五《ご》位《い》の声——松尾芭蕉、一六九四年

"A Flash of lightning——
passing through the darkness
a night heron's scream."

海水は、気味が悪いほど生あたたかかった。わたしは白衣を脱いで、海に浮かべ、汗とよごれを波に洗い落としてもらった。ついでに足や腕や肩をごしごしこすって、からだのよごれも落とした。汗だくの身に海水は気持ちよく、わたしも芭蕉も三十分ほど海水浴を楽しんだ。

天橋立は、手入れの行き届いた気持ちのよい観光地だ。ただの細長い砂州で、その真ん中を舗装されていない道が通っているだけなのだが、散歩やサイクリングにはちょうどいい。片側は湾に、もう片側は海に面し、苗木の頃から強風にあおられて変形した松林が一面にはえていて、公園のような落ち着いた雰囲気を味わえる。わたしと芭蕉は砂州の南端までのんびりとペダルをこぎ、砂州と本土を結ぶ二つの小さな橋を渡って、宮津めざして東に向かった。

じつを言うと、この道には見覚えがあった。七年前、日本を縦断したときに通った道なのだ。あのときは日本海にそって、北海道に向かう途中だった。なつかしい景色を目にして、胸が熱くなる。

宮津駅前のタクシー会社で銭湯についてたずねたら、一人のおじさんが気さくに教えてくれた。

「ああ、銭湯なら、まっすぐ行った先にあるよ。急いだほうがいいなあ。こりゃあ、一雨くるよ」

銭湯は、おじさんに教えてもらったとおりの場所にあった。古くてさびれた銭湯だ。浴槽はたった一つ、シャワーヘッドも三つしかない洗い場で、先客は一人しかいない。そのお客さんに声をかけたら、宮津周辺の銭湯事情について教えてくれた。

「昔は六か所もあったのに、それがいまじゃあわずか二か所だ。ここだって、いつ店じまいしたっておかしくないよ。あのばあさんが死んだら、終わりだね」

とおじさんは言いながら、八十五歳はくだらないとおぼしき番台のおばあさんの方を見た。

「宮津の人口は、どのくらいなんですか?」

「今じゃあ、減るいっぽうよ。二万人ってとこかな。若い人たちはみんな、都会に出ていくから」

宮津の衰退《すいたい》を語るのがつらいのか、おじさんはすぐに風呂を出た。

ところがこのあと、突如として事情が一変する。なぜかありとあらゆる客が、ひきもきらずにやってきたのだ。急に活気づく女湯の様子が壁ごしに聞こえるし、男湯にも常連客が次々とやってきた。地元の高校のサッカー部員らしい七人の男の子も、一風呂浴びに現れる。このサッカー部員たちがくわせ者だった。外国のサッカーチーム顔負けの奇抜な髪形で、傍若無人《ぼうじゃくぶじん》もはなはだしい。全員申し合わせたようにぼさぼさの髪をオレンジ色に染め、遠慮なくデカイ声を出し、口を開けば悪態ばかりつく。他の客は気にならないのかと気になって、頭をそり上げた大柄な常連客のおじさんを見たら、やはりむっとした様子だった。それでなくても狭い洗い場なのに、これだけの人数が押しかけるとよけいきゅうくつだ。おまけに風呂が熱く、頼みもしないのに高校生のわめき声を聞かされたのでは、だれだってたまらない。

結局、わたしと芭蕉は耐えきれず、常連客のおじさんといっしょに風呂を上がった。ところがこのおじさんは、銭湯の外へ一歩出たとたん、あれよあれよという間に、けたたましいおばちゃん軍団に取り囲まれた。少なく見ても、二十人はいる。しかも驚いたことに、番台のおばあさんもいるではないか。いったいどこから、何をしに出てきたのだろう。何が何だか、さっぱりわからない。ただ、おばちゃん軍団の求めるものを、おじさんが持っていることだけはまちがいなさそうだ。あっけにとられて言葉もなく、ただ立ちつくすわたしと芭蕉の目の前で、おじさんはおばちゃん軍団をトラックまで引きつれて、防水シートをパッとめくった——なるほど、おじさんは屋台の野菜売りだったのだ。黄昏《たそがれ》どき、おじさんの胸元までしか背がない小柄なおばちゃん軍団が、すこしでも新鮮な野菜を買おうとひしめきあうさまは圧巻で、わたしも芭蕉も興味津々《きょうみしんしん》で見まもった。

「あのおじさん、きっと毎日、ここで野菜を売ってるんだ。だからおばさん軍団は、おじさんが銭湯からあがってくるのを、ひたすら待ってたんだな。ううむ、野菜売りのおじさんは、きっと宮津一の人気者だろうよ」

「なあクレイグ、入浴料ってのは、経費で落とせるのかなあ」

おじさんとおばちゃん軍団をひとしきり見物してから、われわれはからだも気分もさっぱりして、さっそうと幹線道路に出た。途中、新しい大型ショッピングモールでビールを買い、五階のレストランで夕飯を食べ、すぐ隣の公園をホテル代わりに使わせてもらうことにした。太陽や雨を逃れるためにある屋根つきの避難場所が、今晩の「ホテルルーム」というわけだ。

宮津の議員たちが海辺にこんな立派な公園を作ったのは、もちろん市民のためだろう。まさか、野外生活者や非行青少年のたまり場になるとは、ましてや白衣のガイジン巡礼が泊まるとは、夢にも思っていなかったはずだ。われわれが陣取った場所は、どうやら常連野外生活者のなわばりだったらしい。あとからやってきたはげ頭の野外生活者は、いつもの場所で見なれぬガイジンがゆうゆうと酒盛りしているのを見て、かなりムッとした様子でぶつくさ文句をたれた。小屋には他にも、三人の若者がいる。

まだ宵の口だというのに、どこもかしこも酔っ払いや野外生活者ばかりがめだった。

＊

気持ちよく晴れた朝だ。「夜の公園利用者」にかわって「昼の公園利用者」が次々とやってきたのを潮に、わたしと芭蕉はすぐそばのおだやかな海をながめながら、新たな旅へと出発した。

今日は西国巡礼の旅に出て初めて、海を見ながらえんえんと走ることになる。七年前、北海道をめざして歩いたときに通った道だ。こぢんまりとした公園や、丹後由良《たんごゆら》の砂浜、広々とした由良川など、思い出のある場所を見て、なつかしさがこみあげてくる。公園では、あるお坊さんに見当違いの道案内をされたあと、接待だよと一万円札を差し出されたっけ。浜辺では、愛する妻や息子たちと一日のんびり過ごした。由良川では七年前と同じように、サーファーが波にいどんでいる。

宮津の思い出といえば、自転車に乗ったガイジンをたくさん見たことだ。この日も、ガイジンを多く見かけた。数えてみたら、九人もいる。きっとロシアの船が次々と入港し、ロシア人の船員が町にくりだすからだろう。

十時半ごろ、美しい円錐形《えんすいけい》をした青葉山を登りはじめた。地図には標高六九三メートルの小さな山とあるが、実際に見ると、威風堂々とした立派な山だ。

芭蕉はさっそくこぼした。

「そんなにでっかい山じゃねえって、たしかおまえ、言ったよなあ」

「前に見たときは、そんなに大きな気がしなかったんだよ。でも前回は、登ったわけじゃないからさ」

ありがたいことに、第二十九番札所の**松尾寺**《まつのおでら》（青葉山）は山頂ではなく、途中にあった。それでも、かなりの距離を登らなければならない。結局わたしと芭蕉はいつものように自転車を押しながら、いつ果てるとも知れぬ、曲がりくねったけわしい山道を、えっちらおっちら登っていき、エネルギーを盛大に消費した。山道を登るときのコツは、あとで自転車で一気にかけ下りるシーンを想像することだ。こうしてわれわれはまたしても汗だくの状態で、ようやく山奥の静かな小寺にたどり着いた。

一見したところ、松尾寺はビジネス優先の寺のようだった。本堂には、土産物がずらりと並んでいる。しかし、肝心の店員の姿がない。猛暑の真夏、しかも平日の火曜日とあって、本堂は閑散としていた。納経所にいた中年の巡礼カップルは、滝のような汗を流していたところからすると、駐車場よりずっと下から歩いて登ってきたのだろう。

興味があったので、ためしに聞いてみたら、

「ええ、駅から歩いてきましたの」

と奥さんが答えた。つばの広い白の日よけ帽を風にはためかせ、首の回りにタオルをかけた奥さんだ。つづけて、ご主人が口を開いた。

「駅から登ってきたんです。二キロほど。西国三十三か所を巡礼中でしてね」

と言って、にっこりほほえむ。

「じゃあ、いっしょですね」

同じ目的で努力している同志に会うと、おたがい励みになる。猛暑のさなか、他にも同じように努力している人がいると思うと、それだけでうれしくなるのだ。この巡礼カップルは移動こそ電車だが、駅から寺まではタクシーを使わず、歩くことにしているそうだ。努力する姿勢を忘れないお二人に、わたしは好感を覚えた。向こうも、自転車巡礼のわれわれに好意をいだいてくれたらしい。

＊

お昼頃、駅まで歩いていくというお二人を追いぬいて、わたしと芭蕉は一度もペダルをこがずに猛スピードで山をかけ下り、幹線道路に出た。そして東に曲がり、決死の覚悟でトンネルをくぐって、高浜の海水浴場に出る。ここは七年前の日本縦断の旅で、一晩キャンプした浜辺だ。さんさんと陽光が照り輝き、うだるような暑さのなか、

松尾寺でシャワーを拝借

コンクリートの歩道をおおう砂にハンドルをとられつつ、わたしと芭蕉は浜辺ぞいに自転車を走らせた。

それにしても、気が散ってしかたない。こっちは白衣姿だが、浜辺にはココナッツオイルの香りをただよわす、あでやかなビキニ姿の女性がわんさかいる。こんな状況では、修行に励めというほうが無理だ。禁欲をつらぬき、あらゆる困難を乗りこえる巡礼にとって、浜辺を自転車で走るのはまさに苦行以外のなにものでもない。

とうとう芭蕉は、観音さまに泣きついた。

「ううっ、慈悲深き観音さま、どうかお恵みを！　ああ、お恵みを！」

わたしはある美しい若い女性につい見とれて、自転車ごと歩道から砂浜にすべり落ちてしまった。とたんに、クスッと笑う女性の声がする。

「おい芭蕉くん、この浜辺を走るだけでも、十分修行になるぞ！　つらくて、悲しくて、涙が出る」

「おう、あの女神たちは、おれたちを誘惑する気だぜ」

さらに先の和田海水浴場では、色とりどりのビーチパラソルやタオルに行く手をはばまれた。みんな、われわれを見て仰天し、一様に目を見開く。たしかに、夏の浜辺で白衣姿の巡礼ほど、ちぐはぐなものはないだろう。

和田海水浴場に立つ白衣の巡礼さん

交番の前を通りかかったら、おまわりさんが額の汗をふきながら、外に出てきた。

「どちらへ？」

「琵琶湖へ。松尾寺にお参りしてきたところなんです」

「へーえ、この暑いのに、ご苦労さんなこってすなあ」

おまわりさんはゲラゲラと笑って、交番に引っこんだ。

昼食に立ち寄った小さな食堂ではほかに客がおらず、店を切り盛りするおばさんがわれわれの自転車を見に出たすきに、これ幸いと水差しを一滴残らず飲みほした。でもおばさんは怒るどころか、接待として小粒のトマトを十二個、持たせてくれた。

今日は、甲子園の初日だった。夏の高校野球が始まると、日本中がテレビの野球観戦に夢中になる。これですこしはわれわれも、人目をひかなくなるのだろうか。

このあと芭蕉を先に行かせ、後から走っていたとき、ある「事件」が起きた。トンネルを抜けて、長い下り坂を走っていたとき、突然いたずらな突風に襲われて、わたしの帽子が道路脇の藪《やぶ》へ吹き飛ばされてしまったのだ。あわててブレーキをかけて、おおい待てと芭蕉に声をかけたが、耳にとどかない。しかたなく坂の途中で自転車をとめ、帽子を取りにいった。炎天下のなか、わたしのように広い額は、帽子でしっかりおおわないとえらい目にあう。ところが帽子を拾おうと、道路から身を乗りだして手を伸ばしたそのとき、間の悪いことに大型トラックが轟音《ごうおん》を立ててやってきた。自転車は端にとめておいたので、トラックにひかれる心配はない——と思ったのに、迫り来るトラックの突風と振動で、わが愛しきママチャリが、なんと車道に倒れてしまった。大変だ。菅笠をなくし、自転車までぺしゃんこにつぶされたら、どうする？　おまけに、芭蕉もいない。わたしは泡を食って、間一髪で自転車を車道から救出した。つづいて帽子をさっとひろい、あわてて芭蕉のあとを追う。きっと芭蕉は後ろを振りかえり、わたしがいないことに気づいて、どこかで待っていてくれるにちがいない——。だが、わたしのはかない期待は、もののみごとに裏切られた。しかもだ。行く手にトンネルが三つも現れた。何か所か、道が分かれた地点もあった。これでは芭蕉とはぐれても、おかしくない。

自転車で二十分ほど走ったが、芭蕉はどこにもいない。そのまま国道二七号を走るうち、とうとう小浜《おばま》に着いた。まずいことになった。芭蕉と離れ離れになるとは——。背筋が、寒くなってきた。さすがにこんな非常事態までは、予想していなかった。もし芭蕉が一人きりで迷ったら——。わたしはなんとでもなるが、芭蕉は日本語が話せない。しかもいま、旅行資金はすべてわたしが持っている。わたしの妻の実家は大阪だが、そこの電話番号を芭蕉が知っているとは思えない。芭蕉とはぐれてすでに八キロほど走ったが、芭蕉はどこにもいない。とりあえず交差点でとまって、自動販売機で飲み物を買い求め、わたしはすわって待つことにした。しかし十分たっても、芭蕉はいっこうに見当たらない。

とそのとき、ふいに芭蕉の姿が、わたしの目に飛びこんできた。交差点の向かいで、わたしを待っているあの人物——よかった、芭蕉だ、まちがいない。向こうもわたしに気づき、おたがいに胸をなでおろした。ここで会えたのは、まさに観音さまのお導きだ。

海岸ぞいに走るのは、この小浜までだった。ここからは国道二七号にそって、山に向かう。この先には、若狭温泉があるはずだった。七年前に通りかかったとき、心ゆくまでゆっくりつかって、疲れをいやした温泉だ。温泉は記憶にある姿より少々くたびれていたが、記憶どおりの場所にあった。疲れた身の巡礼に、温泉を黙って通りこせというのはあまりに殺生、というわけで、われわれはさっそく湯につかった。

黄昏《たそがれ》どき、霧がかかる森の中を、わたしと芭蕉はまたしても自転車を押して登り、やっとのことでトンネルにたどり着いた。芭蕉はトンネルをけぎらいするが、このような山中のトンネルなら、わたしは大歓迎だった。トンネルがあれば、これ以上登らずにすむ。しかもトンネルを抜ければ、あとは下るのみだ。今回もトンネルを抜けたあと、わたしと芭蕉は暗闇に沈む琵琶湖を遠くにながめながら、今津まで一気にかけ下りた。雷が鳴り、稲妻が走るのが見えるが、琵琶湖のはるか向こうなので、今すぐ降られるおそれはない。

近江今津駅そばの中華レストランで、芭蕉はウィンドー越しにプラスチック製のメニューモデルをじっくりとながめた。これまで「肉は入っていない」とわたしが再三保証したにもかかわらず、出てきた料理は肉だらけという「異変」が相次いだため、わたしを信頼する気はとうに失《う》せたとみえる。これからはおれがこの目で肉のない料理を自分で選ぶ、と芭蕉はいたく意気ごんで、とくとメニューをながめた結果、ようやく納得のいく料理を発見した。それにしても、わたしと芭蕉ぐらいみょうちきりんなガイジンペアなどいないだろう。同じガイジンでも、わたしは肉をたっぷり食べたがり、かたや芭蕉は肉など見たくもないという。ところがだ。料理が出てきたとたん、芭蕉はまたしても目をひんむいた。ウィンドーのモデルとちがい、芭蕉の料理にはまたしても、豚肉の分厚いかたまりがこれみよがしに、でーんと鎮座《ちんざ》ましましていたのだ。

「な、なんだよっ！」

「よしよし、芭蕉くん、心配するな。おれが食ってやる」

「おれ、頭が混乱してきた。日本人ってのは、肉をあんまり食べない人種じゃねえの？」

「昔はな。日本もだいぶ様変わりして、今じゃアメリカ人の知らないことがいっぱいあるんだよ」

「たとえば？」

「ええっと、たとえば、勤務時間や休暇。ＩＬＯ（国際労働機関）によると、現代ではアメリカ人のほうが日本人より長く働くんだと。休暇も少なければ、期間も短いらしい。アメリカは世界一の経済大国だけあって、ちゃんとそのツケを払わされているわけだ。でも当のアメリカ人は実態がよくわかってなくて、いまだに日本人のほうが働きバチだと思ってる」

「ふーん、そうなのか。とにかくおれは肉なんて、こんりんざいお断りだぜ」

食事をすませたあと、わたしと芭蕉は五分もかからずにフェリーのターミナルへ到着した。第三十番札所の**宝厳寺**《ほうごんじ》（厳金山《がんこんざん》）は、竹生島《ちくぶしま》という琵琶湖に浮かぶ小さな島にあり、フェリーで行くしかない。となれば、今晩はフェリーターミナルで明かすのがいちばん得策だ。ターミナルに泊まれば、朝一番のフェリーに乗り遅れるおそれはない。

琵琶湖を前に、ベンチにすわってビールを飲みながら、わたしは芭蕉に声をかけた。

「自転車ごとフェリーに乗れますようにって、観音さまにお祈りしといてくれよ。もし観音さまが慈悲をたれてくださったら、帰りは竹生島から彦根までフェリーで行けるかも。そうしたら、琵琶湖をぐるっと回らなくてすむ」

「昔の巡礼さんも、船で渡ったのかなあ？」

「そりゃあ、そうだろう」

「よし！　なら、そうしようぜ」

ターミナルは思ったよりも狭くて、今晩は一隻しかフェリーがとまっていなかった。湖の向こうでくりひろげられる「稲妻ショー」はなかなかの見もので、さながら花火大会のようだ。われわれはビールを飲みほし、今晩は雨が降らないと見きわめて、波止場でごろんと横になった。

＊

ところが午後十時半、なぜか波止場の照明が急にともり、あたりがパッと明るくなった。一隻のフェリーが到着し、三十人から四十人の客がぞろぞろと降りてくる。体調万全でも眠りの浅い芭蕉は、すぐにうめきだした。

「ううっ、やめてくれ」

「えっ、なに?」

そういうわたしも、まだ四分の三ほど夢の世界だ。

「波止場で寝ているおれたちを、みんなジロジロ見るだろうが。あーあ、まったく、いい場所を選んだもんだぜ」

フェリーから降りてくる客のじゃまにはならない場所に寝ていたが、それでも四、五人の客が通りかかり、われわれをまたいで行った。失礼な、とムッとしたが、ここはぐっとこらえ、ぐっすり寝ているふりをする。

「あら、まあ。ちょっと、見てよ」

中年のおばさん客が、われわれを見てすっとんきょうな声を上げた。

「まあ。あの人たち、何してるのかしら」

「しーっ!」

ほんの数百メートルほど先にとまっていた一台の車が、派手にエンジンをふかして走り去った。そして一台、また一台と、フェリーから降りてきた客が車で消えていく。だんだん風が強くなり、その風にあおられて、すぐ下の浜辺で白波が立った。シーツ一枚まとっただけではさすがに寒かったが、わたしはすぐに眠りの世界へ戻っていった。

＊

朝一番のフェリーといっても、十時二十分とけっこう遅い。追加料金を支払えば自転車をフェリーに乗せられると確認して、わたしと芭蕉はフェリー事務所に荷物を置き、ひとまず朝食を買いにコンビニへ行った。

自転車を乗せられてよかったと、わたしも芭蕉もご機嫌だったが、フェリーの船長はご機嫌ななめだった。しかもフェリーに自転車を乗せる段になって、どこに置いてもじゃまになることが判明し、船長は業をにやして腹立たしげに天をあおいだ。

「フェリーに自転車を乗せるのは、初めてらしいぜ」

「自転車代をとるのも、初めてじゃないのか」

料金表に「自転車代」の文字はなかったが、一台につき千五百円もふんだくられたのは業腹《ごうはら》だ。われわれから現金を受けとりながら、フェリー事務所の係員はいそいそと、大人用のチケットに追加料金をペンで書きたした。

「追加料金はどうやって決めたのかな」

「その場の思いつきじゃねえの」

「需要と供給の関係で、決まったってわけか」

おかげで竹生島までの旅は、とんだ散財となってしまった。なにせ二千六百円のフェリー代にくわえ、自転車一台につき千五百円、拝観料として四百円、さらに納経料として三百円もとられたのだ。どうりで百二十人乗りのフェリーに十四人しか乗っていなかったわけだ。料金がべらぼうに高いから、みんな敬遠したにちがいない。

「そうだよな、予約がいらないんだもんな」

夏休みの最中という時期を考慮して、当然フェリーも予約がいると思ったのに、電話したら予約はいらない、と意外なことを言われた。たしかにこの状況では、予約などいるわけがない。

「値段を下げれば、参拝客が増えるかもしれないな。もし稼ぎどきでもこの調子なら、暇な時期はいったいどうなることやら」

フェリーはバスン、バスンと派手にエンジン音を立てて、竹生島に到着した。芭蕉の前にすわっていた男性客は、竹生島に着くまでの二十分間に、ビールを二缶もぐびぐび飲んだ。今日は湖面が静かで、助かった。竹生島の台帳によると、大型クルーザーが走るようになる前は、琵琶湖で溺死《できし》した巡礼さんが大勢いたらしい。

フェリーで聞いた説明によると、琵琶湖の水面標高は大阪湾から約八五メートルの高さで、大阪城天守閣とほぼ同じらしい。そう思うと、みょうな気がする。しかしそれを言うなら竹生島も、日本という島のなかの湖に浮かんだ島であり、「島の中の島」

琵琶湖に浮かぶ竹生島

というみょうな島だ。

竹生島は、湖面からほぼ垂直に岩肌がぬっと突き出た、絵のように美しい花崗岩《かこうがん》の小島だ。島全体に森が広がり、島の南にある小さな船着場から上がるしかない。われわれの乗ったフェリーが着いたときには、すでに琵琶湖の別の港から来たフェリーが二隻とまっていた。面倒な自転車を乗っけてるんだぜ、と船長があらかじめ知らせておいたのだろう。われらが愛しのママチャリはいつの間にかいったん船着場に降ろされ、一時間後に出港する彦根行きのフェリーに乗せてあった。この彦根に向かうフェリーの船長はありがたいことに上機嫌で、海軍大将も顔負けのピカピカの制服を着て、われわれに敬礼し、にっこりと笑いかけてくれた。

宝厳寺の拝観料徴収係は高校野球のテレビにくぎづけで、ほとんど画面から目を離さずに、わたしと芭蕉が差しだした八百円の拝観料をもぎとった。納経所の料金係も、納経料の六百円をひったくるようにして受けとり、ぞんざいに寺号を書く。竹生島は、「効率優先」というスローガンを絵に描いたような島だ。フェリーターミナルで拡声器で「フェリーに乗り遅れないように、さっさと拝観をすませましょう」と大音響で、これ見よがしに観光客に注意をうながすのは、その最たる例だ。拝観時間は最長でも、わずか一時間――。参拝客を呼びよせておいて、金をしぼり取ったら、できるだけ早くさっさと追いだす算段か。参拝客への気づかいなど、かけらもない。霊気あふれる聖なる寺に、陳腐《ちんぷ》なポスターをべたべたとはりつけ、安っぽいお土産を売りつけて平然としている。

ざんねんながら竹生島は、「商売熱心」な島という印象しか受けなかった。

＊

あっという間にときが過ぎ、竹生島への参拝はまたたくまに時間切れとなった。芭蕉は緑あふれる自然や霊験《れいげん》あらたかな寺の雰囲気をじっくりと味わいたいようだが、「フェリーに乗り遅れるな」と、大音響でくどいほど放送でせかされてはしかたない。第一、もしフェリーに乗り遅れたら、愛しいママチャリと永遠に会えなくなる。泣く泣く宝厳寺に別れを告げ、琵琶湖南東の彦根に向かうフェリーのデッキで風にあたりながら、わたしと芭蕉はこれまで何度も話題にしてきたテーマについて、またしても話しあった。そのテーマとは、「売り物にされた仏教」だ。

「でもな、芭蕉、キリスト教だって似たようなもんだぞ」

「まあな。キリスト教をかばう気なんて、おれにもねえよ。キリスト教は、仏教よりも質が悪い。でもよ、そもそも仏教ってのは、己を高めるのが目的だろ。悟りを開くってやつよ。あくまでも目的は、魂を浄化することだろ。金を絞れるだけ絞り取るんじゃなくて。巡礼＝観光の旅、ってのはおかしいぜ」

「いよっ、芭蕉くん、やるねえ！『遊行者』を卒業して、ついに『修行者』に変身か。でも、おまえの言う意味はよくわかる。どこの寺にもはりだされたポスターを見るだけで、JRがどれだけ巡礼再興を願っているか、よーくわかるもんな。もちろん、電車のお客を増やすため。いわゆる市場戦略だな。まあ、寺としても願ったりかなったりなんだろうけど。参拝客が増えれば、拝観料も増えるし、土産物やNTTのテレフォンカードも売りつけられる。どうせ売るなら、寺にふさわしい神聖なものにすればいいのに」

「金のあるところに、神聖なものはないってことよ」

「おれたち、ひがんでるのかな」

「まあな。でも、おれはぜったい金では動かないぞ。日本円に、釣られるものか」

「おう、おれだって！」

ちょうどそのとき、背の高い白髪の男性がくわえタバコでやってきて、われわれのすぐ隣にある自動販売機から、目の飛び出るほど高いビールを二本買った。そして顔を上げると、われわれにほほえみかけ、

「ごくろうさま」

というねぎらいの言葉とともに、ビールを差しだしてくれた！　しかも深々とお辞儀までして、その男性は立ち去った。

突然のうれしいハプニングに、芭蕉は口をあんぐり開け、あぜんと立ちつくした。

「う、うわっ！　し、信じられねえ！　ホント、この国には驚かされるぜ。ストレスで爆発しそうになると、きまってこんな奇跡が起こるんだ」

「ああ、びっくりした。そういえばおれも四国を巡礼中に、接待と称していろんな物をもらったよ」

「へへっ、足とケツを痛めただけのことはあったな、クレイグ」

「ああ、そうだな」

当然ながらわたしも芭蕉も、フェリーが彦根に着く前に、缶ビールでのどをうるおした。

ふと芭蕉が、めずらしくまじめな顔でぼそっと言った。

「なあクレイグ、日本に骨をうずめたガイジン、っているだろ。日本通を自慢する学者とか、日本のことならまかせろっていう親日家とか。でも、おれたちのように巡礼をしようと思いたったガイジンは、いねえよなあ。おれたちのように、汗水たらして寺巡りをしたガイジンなんてさ。丸々一か月も歩いたり、自転車に乗って旅したり、公園やトラックのサービスエリアや歩道で寝たりしたガイジンなんて、他にいるか。おれは今回の巡礼のおかげで、本当の日本についてだいぶ学ばせてもらった。いや、日本だけじゃなくて、おれという人間についても、いろいろと学ばせてもらったぜ。それが、巡礼の醍醐味ってもんじゃねえのかな」

「ああ、おれもだ。ほんとにいろいろ、学ばせてもらった」

第九章 金を数える坊主

——彦根から華厳寺《けごんじ》——

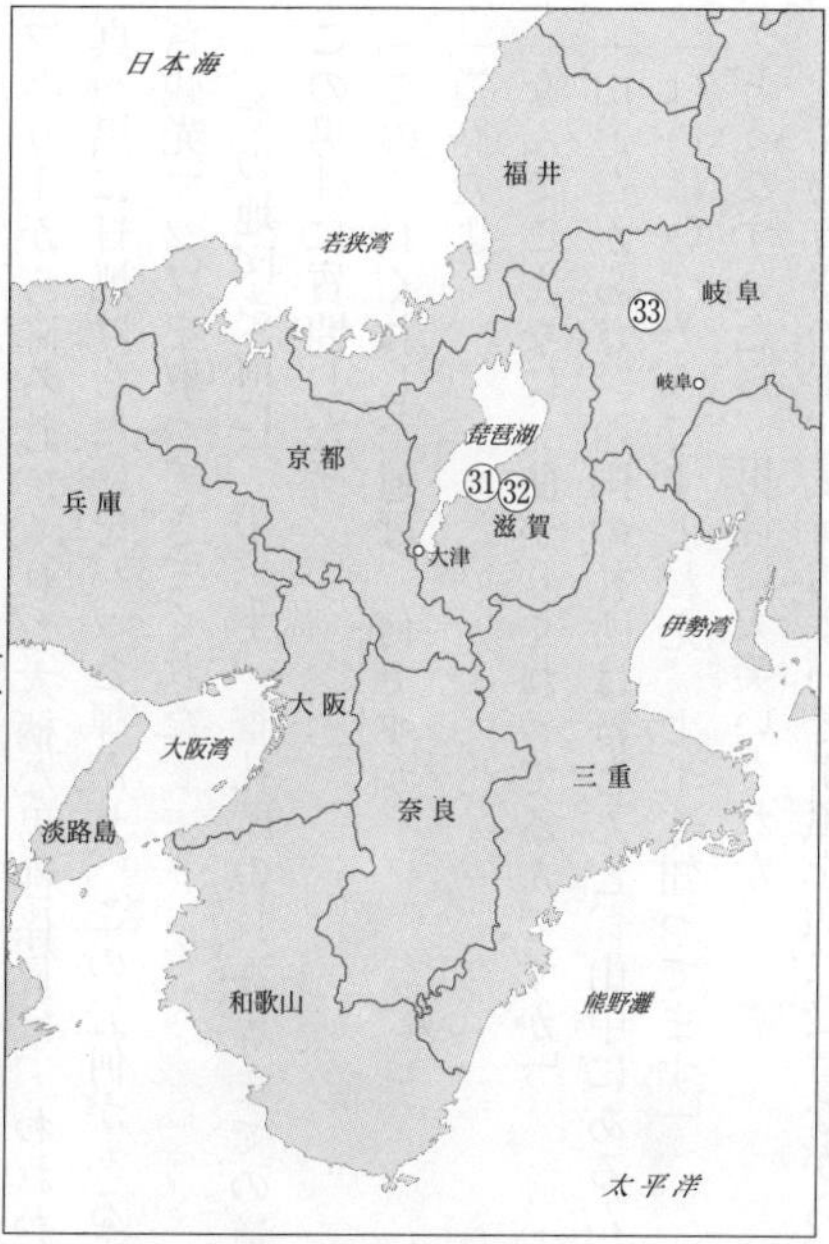

㉛長命寺《ちょうめいじ》　㉜観音正寺《かんのんしょうじ》　㉝華厳寺《けごんじ》

やがて死ぬけしきは見えず蟬《せみ》の声——松尾芭蕉、一六九〇年

"Soon they will die——
yet, showing no sign of it,
cicadas screech."

フェリーが彦根に到着し、いよいよ巡礼も大づめを迎えた。わたしと芭蕉の愛車をフェリーから降ろしてくれた大柄な男性係員は、われわれが西国巡礼中だと知ると、真っ黒に日焼けした顔をパッと輝かせ、この先何があるか調べてあげようと、わざわざ観光マップを取ってきてくれた。

その地図を前に、第三十一番札所の長命寺《ちょうめいじ》までの道を確かめながら、わたしはこの男性に質問した。

「このくねくねした道は、何ですか」

「道路だよ」

「なんでこんなに、曲がりくねってるんですか」

「山道だからさ。西国の札所はほとんど、山中にあるんだ」

「はいはい、そうですよねえ。よーく知ってます」

とうなずいたら、男性に大笑いされた。

澄んだ青空の下、気持ちよいそよ風を頬に受けながら、わたしと芭蕉は琵琶湖東岸の平らな道をすいすいと走った。天候も爽快《そうかい》ならば、道も爽快だ。そよ風になびく田んぼを突っきるように、新しい道路が南へまっすぐに延びている。歩道は広いし、車は少ない。わたしはハンドルに前腕を乗せて、リラックスしてペダルをこいだ。スケジュール通りにいけば、明日の晩には大阪にいる家族の元に戻れる。愛しい妻やかわいい息子たちに会えると思うと、しぜんと気持ちがはずんでくる。

ところが喜んだのもつかの間、だんだん空模様がおかしくなり、ついに空が真っ黒な雲におおわれた。うずまく暗雲——雷雨か。降りだすのは、時間の問題だろう。はたして、平原の南端までたどり着き、長命寺のある山まであと一歩というところで、ぽつんと雨が顔に当たった。スイカを売る農家の白いトラックが見えるが、客の姿はない。一雨くる前にと、みんなどこかへ行ってしまったようだ。

雨宿りができそうなダム施設まであと数百メートルというところで、とうとう空がぱっくり割れて、ぶどうの粒ぐらいある、大粒の雨が降ってきた。ゴロゴロと雷がなり、稲妻が空を走る。わたしと芭蕉はあわててダムのはり出しにかけこんで、雨宿りをさせてもらった。

このはり出しで雨宿りした仲間は、他にも一人いた。われわれと同じ旅人だ。しかも、ママチャリで旅するところまでいっしょとは！　早稲田大学の学生さんで、東京から生まれ故郷の九州・大分まで、ママチャリで戻る途中だという。クソ暑い日本の夏に、ママチャリで長旅をする大マヌケが、ここにもいたわけだ。しかもこの学生さんは果敢にも、東京から名古屋まで車だらけの国道一号を走りつづけ、さらに朝の五時に名古屋を出発してきたという。すごい、立派だ、みあげたものだ。このまま国道をたどったら、自動車にはねられなくても、排気ガスで絶命するにちがいない。だからこそ、われわれはできるだけ国道一号を避けてきたのだ。同志のよしみで、学生さんにも「やめたほうがいいよ」とアドバイスしてあげた。

ガラガラ、ドッカーン！ 稲妻が轟音《ごうおん》を響《ひび》かせて、どこかに落ちた。耳元で、拳銃が火を噴いたようだ。あまりの音に、みんないっせいに跳びあがった。

そのとき、わたしはあるモノを見て、思わず絶叫した。

「ビ、ビートルッ！」

そう、雨粒が道路にはねかえるほどの豪雨のなか、視界ゼロという悪天候にもかかわらず、黄色いビートルを運転する大バカ者がいたのだ。

「ビートル発見！　これで一七・五対四だ！」

というわたしの言葉に、芭蕉はがっくりとうなだれた。

「わかった。おれの負けだ」

「おい待てよ、それはないだろ」

「えっ、なんで？」

「ビートル・ゲームでもやらなきゃ、道路に集中できないだろ」

聖なる寺、長命寺

「あいよ、はいはい、わかりましたよ。万が一おまえに何かあったら、おれ、おまえの奥さんと子どもに一生恨まれるもんな。おまえを生かしておくために、ゲームをつづけりゃいいんだろ、フン」

きっかり三十分後に豪雨と雷と稲妻が過ぎさり、三時半にわれわれは旅を再開した。あと十分で、長命寺のある山のふもとにたどり着く。かたや早稲田大学の学生さんは、あと六日で大分に着くそうだ。この学生さんとは初対面ながら、同じママチャリ旅行者として友情を結び、おたがいに幸運を祈って別れた。

長命寺（姨綺耶山《いきやさん》）は、山麓《さんろく》から寺までつづく八百八段の石段が有名だ。八百八段と聞いて、気が遠くなるほどたくさんの階段を上るのかと覚悟したが、意外にも十五分で上りきった。この長命寺はわれわれにとって、西国三十三か所の札所のなかでも一、二を争うお気に入りの寺となった。空が晴れ、太陽が顔を出し、本堂の檜皮葺《ひわだぶき》屋根から雨が水蒸気となって立ち昇り、みやびな風情を感じたからだけではない。長命寺は、売らんかなの商業主義とはまったく無縁の、聖なる寺だったのだ。ガイドブックはこの寺にあまりページをさいてないが、西国をさまようガイジン巡礼にとって、長命寺はさわやかな緑風を運んでくれる清涼剤のような寺だった。手っとり早く「あぶく銭」を稼ぐことより、檀家や参拝者の幸せを優先する寺とみえる。拝観料を取ら

長命寺で鐘をつく芭蕉

ないし、しつこく土産物を売りつけることもない。静かなたたずまいのなか、見とれるほど美しい古いお堂がそびえ、粛々《しゅくしゅく》とした厳《おごそ》かな雰囲気がただよう。とくにわたしは、石段を上って鐘をつく鐘楼が気に入った。

さて、無事に参拝を終えたはいいが、われわれはまたしても食事、風呂、寝場所の三大難問に直面した。時刻は午後四時とまだ早く、次の観音正寺《かんのんしょうじ》まではわずか一二キロの道のりだが、観音正寺はかなり山奥にある。自転車を必死に押して、午後五時までに観音正寺にすべりこむ気力は、さすがにない。とりあえず長命寺の八百八段の石段を降りて、頼りのママチャリに乗り、まずは食料を買いにいくことにした。近江八幡駅そばの大型ショッピングセンターに行けば、たぶん銭湯も見つかるだろう。

いざ行ってみたら、この近江八幡駅のショッピングセンターは、飢えたガイジン巡礼二人組にとってまたとないパラダイスとなった。

「おおっ、コーヒーとドーナッだっ!」

と芭蕉がさけべば、

「おおっ、チーズバーガーが八十円だと!」

とわたしもさけぶ。

同じフロアに、マクドナルドとミスタードーナツが入っていたのだ。おかげでベジタリアンの芭蕉はコーヒーとドーナツに、お肉大好き人間のわたしはチーズバーガー三つに、ありつけた。さすがに、ドーナツに肉を入れる物好きはいるまい。こんどばかりは、芭蕉も安心だ。チーズバーガーだって、三つ食べてもわずか二百四十円。涙が出るほど、ありがたい。こうしてわたしは安価な肉料理を手軽にささっと腹におさめ、芭蕉は肉の混ざっていない料理を一時間近く楽しんだ。

この近江八幡駅のアメリカ系ファストフード店に、もしガイジンの人類学者がいたら、涙を流して喜んだはずだ。日本の若者を観察するのに、これ以上ふさわしい場所はない。

「おいクレイグ、ここなら、日本の若い女の子を好きなだけ観察できるぜ。見ろよ、野郎はおれたちだけだ。ここなら、ガールハントはばっちりよ。へへっ、よりどりみどりだ」

たしかに芭蕉の言うとおり、近江八幡駅のファストフード店は、若い女の子であふれかえっていた。高校の制服を着た子もいれば、流行の服に身をつつんだ子もいる。顔を黒くぬりたくり、たんねんにマニキュアをほどこし、まともに歩けそうにない厚底靴をはいた「ガングロ」と呼ばれる女の子たちもいる。そしてどのテーブルでも携帯電話が活躍中で、話をしたりゲームをしたり、みんな何やら忙しそうだった。

「これじゃあ、近江八幡の男どもは、ついていかれないだろうな」

「あーあ、ざんねん。おれたちはよ、この子たちの倍は年を食った、ただのクサイおじさんガイジン巡礼だぜ」

「ははっ、ほんとに」

＊

さて、銭湯はどこだろう？

ガソリンスタンドの店員に聞いたら、

「キャロット」

と言われた。

「えっ？」

「だから、キャロット。キャロットというサウナがあるんです。たぶん終夜営業だと思いますよ」

その店員は親切にも、道順を教えてくれた。

だが言われたとおりに進んだが、行けども行けども「キャロット」はない。心配になり、別のガソリンスタンドで聞いてみたが、答えは同じだった。

「ああ、キャロットね。この先にあるよ」

こんどの店員さんは、前の店員さんよりくわしく道を教えてくれた。芭蕉は、浮かれていた。さあ風呂だ、とはりきっていたのだ。しかもうれしいことに、どちらの店員も「キャロットは終夜営業だ」ときっぱり言い切った。

ところが、である。夢は無残にも破れた。十分ほど道に迷ったあげく、やっとたどり着いたはいいが、キャロットの営業は夜中までだった。しかも、値段が法外に高い。一晩泊まれるならば払ってもいいが、風呂だけの料金としては予算オーバーだ。

そこでわたしは、さらに別のガソリンスタンドに向かった。

「あのう、この辺に銭湯はありませんか？」

「ああ、キャロットかい」

「いや、キャロットはいま見てきたんですが、ちょっと高すぎて。一人、千八百円もするんです。他にどこか、ありませんか？」

「なんで銭湯なんか、行くんだい？　琵琶湖で一泳ぎしたら、いいじゃない。琵琶湖なら、タダだよ。夏だから、水もぬるい。琵琶湖で一泳ぎ、してらっしゃいよ」

と言って、その店員さんは笑いころげた。

しかし、琵琶湖からゆうに一〇キロは走ってきた。いまさら戻れといわれても、無理な相談だ。

いま、われわれは国道八号にいる。新幹線の線路と並行に走る幹線道路だ。どうしようと頭をかかえるわれわれの脇を、時折新幹線が猛スピードでさっそうとかけぬけていく。そうこうするうちに観音正寺のある山のふもとにたどり着き、わたしと芭蕉はいよいよ追いこまれた。風呂もなければ、一晩明かす場所もない。いったい、どうすればいいのだ？

＊

そのまま、観音正寺のある山から見て北東の方向に国道八号を進み、ある町に入った。ありがたいことに、この町には学校があった。学校とくれば野球場、野球場とくればダッグアウトだ。このダッグアウトに飛びこんだ直後に、雨が降りだした。すでにあたりは暗くなり、グラウンドをダッシュしていた三人の野球部員も家に帰った。闇に沈んだ、だだっぴろい野球場。いるのは、わたしと芭蕉だけ。こうしてわれわれは、巡礼の旅に出て二度目の「ダッグアウトの夜」を過ごすことになった。

＊

「おい芭蕉くん、たぶんあっちにプールがあるぞ」

わたしの勘は、当たった。大汗をかいたからだに、ひんやりとしたプールの水は、じつに気持ちよかった。

八月十日、木曜日——。おそらく今日が、巡礼をしめくくる最後の一日となるだろう。朝早く、飼い主に連れられて散歩にきた犬が、「なんだ、このクサイ野郎どもは？」と鼻をひくつかせ、飼い主にぐいと引っぱられたのを機に、われわれはダッグアウトを出た。朝の六時半、すでに陽光がさんさんと降りそそぎ、かなり暑い。どうやら巡礼最後の一日も、日差しがきつそうだ。

例によって例のごとく、**観音正寺**（繖山《きぬがさやま》）まで自転車を押して登った。山道は長くてけわしく、朝からきつい思いをした。

はあはあ、ぜえぜえとあえぎながら、芭蕉と声をかけあって、おたがいに励ましあった。

「下りは楽だぞ、最高だ！」

観音正寺では車で参拝しに来た者も、寺まで最後の一キロは歩かなければならない。それを見て、芭蕉はおおいにはしゃいだ。

「まだ寺に着いてねえけどよ、おれ、気に入った。参拝者をわけへだてなく歩かせるってのが、いいじゃねえか。来る者、すべからく修行すべしってことよ」

最後に数百メートル、砂利道を歩いて境内に到着したところで、わたしはぼうぜんと立ちつくした——なんと本堂が改築中で、無粋な青のネットに、上から下まですっぽりおおわれていたのだ。拡声器から大音響で山中に響く朝の読経を聞きながら、わたしは衝撃のあまり声も出なかった。なんのために、ここまで苦労して登ってきたのだ？　しかし、本堂に近づいてとくとながめた結果、やむにやまれぬ事情があることがわかった。

観音正寺は一九九三年（平成五年）五月二十二日、不運にも火災に見舞われて、本堂を焼失してしまったのだ。仮設の納経所の写真にもあるとおり、焼け残ったのは石段だけという惨状だった。山中の寺にとって火災は、何よりもおそろしい。悠久のときを重ねる寺で、火災をまぬがれたところなど、ないにひとしい。

「ふうん、なるほど。お寺が火をこわがるのも、無理ねえか。たしかに、おれたちのような一介《いっかい》の参拝客に火を出されたら、たまらねえよなあ。木造の建物は、乾いていて燃えやすいからよ。それこそ、あっという間だ。五百年の歴史をほこるお堂でも、たった一時間で跡形もなく燃え落ちるぜ」

「うん、そうなんだ。これまでにおれが回った寺でも、火災の話ならさんざん、それこそいやというほど聞かされた。でも、こうして実際に見ると、お寺が火に神経をとがらせるのもわかるな」

四季折々の本堂の様子は、写真でうかがうことができた。枯れ葉色に染まった秋のお堂、雪におおわれた冬のお堂――。ざんねんながら、同じ姿は二度と拝めない。目下はもとの位置に、新しい本堂が着々と再建されていた。八億一千万円の予算をつぎこんだ、平成十五年に完成予定の一大プロジェクトだ。本堂が完成した暁には、六メートルもの高さをほこる豪華な手彫りの千手観音が奉納されるらしい。この千手観音の頭を彫る京都の彫刻師の写真が飾ってあり、腕の実物大のサンプルまで置いてあった。たんねんに彫られた精巧な作りだ。腕はもちろん、手首や指先の細かいところまで、丁寧に彫ってある。このサンプルに、わたしも芭蕉もそっとさわらせてもらった。

「あと数年すれば、この寺は名所になるな」

＊

観音正寺では住職と、長いこと話しこんだ。この住職はなかなかのやり手で、本堂再建を指揮するかたわら、千手観音像の千本の手一本一本に資金提供者を見つけ、さらに仏教発祥の地であるインドの聖地を巡るツアーも主催したそうだ。そんな多忙の身にもかかわらず、住職は西国巡礼にいそしむわれわれガイジン巡礼のために、いやな顔ひとつしないでたっぷりと時間をさいてくれた。

それなのに、芭蕉はなぜか落ち着きがなく、早く行こうぜとわたしを突ついた。いままでの寺ではそんなことなかったのに、しかもいろいろ考えさせられる寺なのに、みょうにせわしない。

「なんだよ?」

「いや、その、おれさ、クソがしてえんだ。さっき寺のトイレに入ったんだけど、ミツバチの巣があってよ。ケツを刺されでもしたら、自転車に乗れねえだろ。あーあ、本堂再建のお金をちょっとでいいから、トイレに回してくんねえかなあ、もう」

*

われわれはまたしてもブレーキをキーキーいわせながら、疾風のごとく山を一気にかけ下りた。風を切って山道をすっ飛ばすのも、これが最後だ。これまでのスピード記録を更新すべく、わたしは先頭に立って気持ちよく飛ばしていた。そのとき、見通しの悪い曲がり角で、ミラーに車が映った。

「うわーっ、や、やばいっ!」

わたしは金切り声を上げ、こんしんの力をこめてハンドブレーキを握りしめた。指の腱《けん》がぶちきれるのではないかと思うほど、力を振りしぼってきつく握ったおかげで、記録的な速さでとまることができた。向こうから走ってきた4WDの建設作業員が、危ないと思った瞬間にブレーキを踏んでくれたのも幸いした。わたしの自転車のまさに目と鼻の先で、4WDがキーッとタイヤをきしらせて、なんとかとまってくれたのだ。バンパーまでわずか一〇センチという、まさにすれすれのニアミス！　ぎょっとして、わたしと4WDの運転手は思わず顔を見あわせた。これまで日本でいろいろな冒険に挑戦してきたが、いまほど肝を冷やしたことはない。

「おおっ、これで死なねえなんて、おまえにゃ観音さまとお地蔵さまのご加護があるんだな」

芭蕉の言うとおりかもしれない。

そのあと、最初に見つけたコンビニで、芭蕉はもちろんわたしもトイレにかけこんだのは、言うまでもない。

＊

トイレで気分を一新し、さっぱりして国道八号を走っていたとき、またしてもアクシデントが発生した。巡礼に出て初めて、芭蕉のママチャリのタイヤがパンクしたのだ。待ちに待った巡礼の最終日に、自転車巡礼の足を引っぱるものがあるとすれば、パンクしたタイヤ以外にない。

「タイヤがパンクしたとき、おまえは無理して乗ったけど、おれはいやだね。ぜったいいやだ。リムやスポークを傷つけるかもしれねえしよ」

「いいじゃないか、傷つけたって。最後の寺まで行けば、二度と乗らないんだから。

寺や近くの駅に、置いてってたっていいんだからさ」

彦根駅まで、あと五分だ。駅に行けば、たぶん、きっと、かならず、自転車屋さんがあるだろう。

はたして今回も、わたしの勘ははずれなかった。

「ウッヒョー！　おいクレイグ、今日はホントに、観音さまのご加護があるようだぜ」

駅のそばに、自転車屋さんがあった。しかも店のおじさんは親切にも、パンクしたタイヤを直す間に一休みしなさいよと、わざわざドアを閉めてクーラーをつけてくれた。いくらついているといっても、まさか英語が通じる相手なんてことは――と思いきや、おじさんは英語がぺらぺらだった。最初こそわたしに話しかけたものの、途中から英語で直接芭蕉に声をかけたほどだ。

「ところで、おたくたち、どうして巡礼を？」

面と向かってそう聞かれたのは、芭蕉にとって初めての経験だった。しかも、おじさんが英語で開口一番そう言ったものだから、芭蕉はうっと言葉につまってしまった。

「えっ、ええっと、それは……日本を知るいい方法だと思ったもんで」

とっさに出た芭蕉の答えに、わたしは胸を突かれた。

「なーるほど、おまえ、いいところに気がついたな」

日本を知るいい方法。じつに、的を射た答えだ。いい方法どころか、巡礼ほど日本を深く知る方法はないではないか。並みのガイジンがまず見ることのない日本を、じっくりと見られる。日本人ですら見ることのない日本、と言ってもいい。

おじさんは手慣れた手つきで、すばやくタイヤを交換してくれた。トライアスロンの選手というだけあって、タイヤ交換は得意のようだ。おかげでわたしと芭蕉は十分ほど「途中停車」しただけで、すぐに出発できた。

＊

目の前に、トンネルが見えてきた。当然、内は暗い。すすだらけに決まっている。国道八号を走る車両の半分は、大型トラックだからなおさらだ。

トンネルに気づいたとたん、芭蕉がうめいた。

「ううっ、またか。観音さま、どうかお助けを！」

この瞬間、二度目の奇跡が起こった。わたしと芭蕉の切なる願いを、慈悲深き観音さまがまたしても聞き入れてくださったのだ。自動車専用トンネルに並行して、歩行者や自転車用のトンネルがあるではないか。

このトンネルを走りながら、芭蕉は観音さまに感謝の言葉を捧げた。

「ありがとうございます、観音さま。慈悲の菩薩、恵みの菩薩……」

「そうそう、そしてゴルフの女神！」

「お地蔵さまもいるぞ。観音さまのキャディってとこか」

「なるほど。観音さまとお地蔵さま、ありがとうございます」

わたしも芭蕉も上機嫌で、さっそうと自転車を走らせた。

＊

米原《まいばら》を過ぎたところで、われわれは国道二一号へと右折した。これでやっと、国道八号とおさらばできる。このまま東に向かい、あと一つ峠をこせば、岐阜県だ。岐阜県は、西国巡礼で通過する八つの県の最後にあたる。

コンビニでは、お金を払おうとカウンターで並んでいたとき、あやしげガイジン二人組からすこしでも離れようと、涙ぐましい努力をする小柄なおばさんに出くわした。金を払うという動作と、ガイジンから離れるという動作を、同時にやろうというのだから大変だ。しかもわたしがすぐ後ろに並んでいたから、おばさんは見ていて気の毒になるほど苦労していた。そんなわたしとおばさんを見て、芭蕉はのんきにゲラゲラと笑いこける。わたしはつい、愚痴をこぼした。

「あーあ、芭蕉くんよ、おれはよっぽどくさいんだな。このかぐわしき白衣を、最後の札所に奉納するのが、待ちどおしいよ」

コンビニを出たあとも快調に飛ばし、われわれはじきに峠をこえて岐阜県に入り、長い下り坂にさしかかった。今日も、暑い。毎日、陽光に焼かれて、手がひりひりする。

顔に風を受けながら、わたしは芭蕉に声をかけた。

「うちのお義母さんみたいに、自転車のハンドルにでっかい手袋をつけてくりゃあよかった。お義母さんのママチャリには、でっかい手袋が一年中、取りつけてあるんだ。あれならぜったい、手が焼けない」

そのあとゆうに数分間、芭蕉はケタケタと笑ってから、最後にきっぱりと言い切った。

「けっ、そんなママチャリと、だれがいっしょに走るもんか」

＊

われわれは関ケ原を通過して（関ケ原は、日本史上もっとも知られた名所だ）、高台をぐるりと回り、東端に行き着いたところで北に進路を変えて、国道四一七号に入った。

途中、立ち寄った食堂のおじさんが、

「寺まで、あと一時間ぐらいだよ」

と教えてくれた。厨房で料理をする、六十は過ぎていそうなおじさんだ。後からやってきたお客さんの注文をこなす合間に、おじさんはわれわれと話をしに出てきて、親切にアイスコーヒーをごちそうしてくれた。わたしと芭蕉は食事しながら、日本の夏の風物詩でもある高校野球をテレビ観戦した。

あと一時間で着く、と聞いて芭蕉はがぜんはりきりだした。

「おい、クレイグ、あとたった一時間だとよ。これで晴れて、布団で寝られるぜ。洗った服も着られるし、毎日風呂に入れるってもんだ」

ちょうどそのとき、「油断するな、気を抜くな」とわれわれに念を押すかのように、甲子園の野球選手が悲惨なけがをした。なんと、アキレス腱を断裂してしまったのだ。グラウンドにぽつんと立っていた選手が、突然すさまじい悲鳴を上げてすわりこみ、激痛に身もだえしながら担架《たんか》で運びだされる様子が、スローモーションで何度も何度もくりかえされる。予想外のハプニングに、われわれも食堂のおじさんも息をのみ、黙って画面を見つめた。

「おい、芭蕉くんよ、あと一時間は心して旅をつづけよう。終わるまでは、油断はぜったい禁物だ」

食事を終えたあと、われわれは谷間を北に向かって走り、温泉や夏休みの子どもたちでにぎわうプールを通りすぎた。巡礼最終日の今日も、真っ黒な雨雲と、雷と、稲妻を目にした。最後の試練を乗りこえてこそ、巡礼のしめくくりができるというものだ。試練といっても相手は自然だから、仏教の試練というより神道の試練に近かったが、それでも試練には違いない。わたしは神道の神々に、どうか雷に打たれませんようにと祈りを捧げ、かたや芭蕉は観音さまに慈悲を、お地蔵さまに道中安全を祈願しながら、揖斐川《いびがわ》を渡って揖斐川町に入った。

　西国巡礼の最後の札所、華厳寺《けごんじ》のある谷汲山《たにぐみさん》への道は、地図を見るかぎり明快だったが、実際に来てみるとよくわからない。あたりを見まわしても、いるのは九十過ぎのおじいさんだけだ。とりあえず道を聞いてみたが、やはりと言うか、当然と言うか、のおじいさんだけだ。このおじいさんは歯がなく、日本語を話しているとは思えない。しかたなく、こりゃあダメだと芭蕉に事情を説明した。

「うーん、とにかく早く見つけようぜ。もうすぐ降られちまう」

　そのとき、芭蕉の祈りが通じたのか、観音さまが中年の女性に「化身」しておでましになった。しかも地元の高校で教鞭《きょうべん》をとる、現役の英語の先生に化けてくださるとは、なんと気がきいていることか。髪が白くなりかけたこの先生は、きのう華厳寺に行ってきたばかりだそうで、学校を通りぬけていくと近いですよ、とわざわざ自分が教えている学校まで道案内してくれた。

学校の裏手には、広い道路が延びていた。「観音」先生によると、この道を行けば谷汲山に着くそうだ。

「お急ぎになって。もうすぐ、土砂降りになりますよ」

風が強くてよく聞こえなかったが、先生は最後にそう注意してくれたらしい。

＊

空がぱっくりと口を開けて、土砂降りの雨を降らすまでに、無事にたどり着けるだろうか。くねくねと曲がりくねった山道をすっ飛ばし、トンネルをくぐりぬけ、山の向こうの谷間に抜けて、ママチャリの限界までスピードを上げ、必死にペダルをこぐ——が、とうとう間に合わなかった。最初は大粒の雨がパラパラと、すぐにザーッとバケツをひっくり返したような雨が、容赦《ようしゃ》なく降ってくる。わたしも芭蕉も雨宿りできるところはないかと目を皿にして探しまわり、やっとのことでコンクリート製の二階建て幼稚園を見つけ、ずぶぬれになる前に屋根の下に飛びこんだ。あとすこしで、三時だ。雷がひっきりなしにとどろき、数秒ごとに稲妻が空を切りさく。暴風雨といってもいいほど、すさまじいにわか雨だった。

「落雷で焼け落ちた寺が、たくさんあるんだろうな。芭蕉、おまえ、長命寺の裏にあったでかい避雷針を見たか」

「ああ、あれね。ありゃなんだと、しばらく首をひねったぜ」

寺まで、あと三キロほどか。目と鼻の先まで来ているだけに、わたしは三十分たってもやむ気配のない雨に、いらいらしてきた。折しも車が次々と、門の前に乗りつけてくる。この幼稚園は、三時半までらしい。芭蕉に言わせれば「きれいなママ」たちが、子どもを迎えに車でやってきたのだ。あんのじょう、若いお母さんがたはそろって「うちの子の幼稚園に、なんでこぎたないガイジンが」と、目を丸くした。車から降りて、雨の中を走り、幼稚園へとかけ込むお母さんがたに、わたしも芭蕉もわけへだてなく「こんにちは」とにこやかに挨拶したが、「こんにちは」と答えてくれるお母さんもいれば、変なヒトねと無視するお母さんもいる。いっぽう、おそろいの黄色い幼稚園帽をかぶった子どもたちは、みんな見慣れぬガイジンに興味津々《きょうみしんしん》で、手を振るわれわれに一所懸命バイバイと、小さな手を振ってくれた。つられて、手を振るお母さんもいる。おかげで、ちょうどいい暇つぶしになった。

さらに十五分たった三時四十五分、わたしは出発したくて、いてもたってもいられなくなった。

「おいクレイグ、雨具を忘れるなんて、おれたちってなんて用意周到なんだろ。ホント、あきれちまうぜ」

「だよなあ。雨具のことは、ころっと忘れてた」

それでも四時前には、雨脚が弱まってきた。いずれにせよ、雨が降ろうがやもうが、もう待てない。幼稚園を出て、谷間を走り、谷汲《たにぐみ》というちんまりとした村に着く頃には、雨もすっかり上がり、太陽が顔をのぞかせた。

門前町の谷汲村で、ずらりと軒《のき》を並べた土産物店や民宿、旅館を通りぬけ、仁王門をくぐった。いよいよ西国巡礼最後の札所、**華厳寺**（谷汲山）だ。今日の華厳寺は、閑散としている。われわれは自転車をとめて、いそいそと最後のお参りに向かった。わたしは白衣を脱いで、手に持った。この寺に奉納するつもりだ。

にわか雨の後だけに、雨水が石段を勢いよく伝い、聖なる山へと流れていく。境内やお堂の周りに大きな水たまりがいくつもあり、見上げるような杉の大木からも、ひっきりなしに雨水がポトポトとたれてくる。見渡すかぎり、なにもかもびしょぬれだった。

さっそく芭蕉とならんで、観音さまにお参りした。

そのあと納経所で、われわれは異様な光景を目にした。お坊さんが三人、小さな机を取り囲み、山と積まれた小銭を前に、金勘定に精を出していたのである。最後の札所だからと、わたしも芭蕉も納経料より多めに払うつもりで来たが、三人とも金数えに夢中で、顔を上げようともしない。

この「金を数える坊主」を写真におさめて、芭蕉はぼそりとつぶやいた。

「おれ、ショックだなあ。略奪した財宝を数える坊主たち、って感じ。売り物にされた仏教、ここにきわまれり、ってところだな」

結局、本堂をそうじしていた別のお坊さんが、手を休めてわれわれの納経帳に寺号を書き、朱印を押してくれた。でもこのお坊さんは納経を単なる仕事と割りきっているのか、納経朱印をしたあとは、「よくぞ巡礼を終えられました」の一言もなければ、ガイジン巡礼の巡礼話に耳をかたむける気もなさそうだ。

「けっ、この寺で心を洗われるような思いをしたけりゃ、自分で探せってことかよ。坊主は金数えでお忙しいしな」

ありがたいことに、われわれは本堂の裏手で「心を洗われる思い」を味わえた。天井からつるされた無数の折鶴の奥に笈摺堂《おいずるどう》があり、西国巡礼を無事に終えた巡礼たちの奉納物が置いてあったのだ。きちんとたたまれた白衣や菅笠、金剛杖や納経帳がたくさん積んである。念珠《ねんじゅ》もあれば、頭陀袋《ずだぶくろ》も見えた。ぜんぶ笈摺堂にならべてあり、だれでも気軽にのぞけるようになっている。

さっそくわたしも、「かぐわしい」白衣を奉納し、観音さまに語りかけた。

「観音さま、わたしにとって宝物といえば家族ぐらいで、他にとりたてて何もありません。観音さまは、お金にご興味ありませんよね。となると、わたしが捧げられるのは、巡礼中に流した汗ぐらいのものです。この汗は、わたしの努力のたまものです。三十三か所の巡礼で、わたしは精いっぱい努力して、たくさん汗を流しました。思ったとおりにはいきませんでしたが、人生なんてそんなものです。わたしの白衣はかなりにおうと思います。お坊さんに見つかったら、さっさと捨てられることでしょう。でも、慈悲と恵みの菩薩である観音さまなら、白衣の悪臭こそ努力の証であることを、だれよりもわかってくださると信じています。どうか、わたしの汗をお受けとりください」

そして、笈摺堂のなかできちんとたたまれた白衣の山に、自分の白衣を投げ入れた。

「あっ、そうだ。観音さま、まだお願いがあります。どうかゴルフの飛距離が伸びて、正確に打てるようにしてください。パットも、うまく決まるようになりますように」

そんなわたしの祈りを聞いて、芭蕉がくすくすと笑いだした。

観音さまに菅笠と白衣を奉納

「そうそう、ビートル・ゲームに勝てたのも、観音さまのおかげです。まことに、ありがとうございました」

芭蕉は、菅笠を奉納することにしたらしい。芭蕉が観音さまに何を祈ったのか、わたしには聞きとれなかったが、真摯《しんし》な気持ちは伝わってきた。一、二分ほど一心に祈りを捧げてから、芭蕉は笈摺堂のかなり奥に積まれた菅笠の山に向かって、自分の菅笠をえいやっと投げた。芭蕉の菅笠はみごとに、山のてっぺんに着地した。

＊

石段を下り、愛車のところに戻ってから、わたしは大阪の家族に電話をかけ、愛する妻に巡礼を終えたことを告げた。

「今晩、そっちに帰るからね。日本の旅は、今回でひとまず終わりだよ」

一刻も早く、愛しい妻やかわいい息子たちに会いたい。そんなわたしの気持ちを知ってか知らずか、妻はとんでもないことを言いだした。

「それがねえ、自転車を持って帰ってこいって母が言うのよ。あたしはね、今日、あなたに帰ってきてほしいの。でも母がね、なにがなんでも自転車を持って帰れって。一週間かかっても、ここまで自転車に乗って戻ってこいって」

そ、そんな無茶な！

結局わたしも芭蕉も、自転車を谷汲駅に置いてきた。窓のない一両編成の電車にママチャリを二台も乗せられない。ましてや大阪まで乗って帰る気力など、どこを探してもない。

＊

電車に揺られながら、わたしは芭蕉に感想を聞いてみた。

「なあ芭蕉くん、最高の思い出は？」

「琵琶湖のフェリーで、知らないおじさんから缶ビールをもらったときだな。あのときは、苦労すりゃあ報われるんだって、しみじみ思ったぜ」

「じゃあ、最悪の思い出は？」

「どうしても歩けなくて、歩道で一晩明かしたときだな。あんなに足が痛んだのは、生まれて初めてだ」

「好きなお寺は？」

「長命寺。商売に手を出してないのが、いい。あれぞ霊験あらたかな札所だ。お寺は、ああでなくっちゃ」

「じゃあ、いちばん嫌いな寺は？」

「ううん……クレイグが思ってるのと同じだと思うよ」

「いちばんおかしかったことは？」

「亀岡スポーツパークで見た、木を検査するおじさん」

「じゃあ、旅のクライマックスは？」

「美人だが意地悪な看護婦に、足を洗ってもらったとき！」

「また巡礼の旅に行きたいか？」

「おうともよ。こんどは四国巡礼だな」

「西国を再巡礼するってのは、どうだ？　日本には、西国の札所を三十四回も詣でた天皇がいるのだぞ」

「フン、どうせお輿《こし》に乗ってしずしずと、だろ」

華厳寺にて、珍道中も無事終了

あとがき

西国三十三か所観音巡礼の旅を終えて、三年がたった。わずか三年の間に、世の中は変わった。たとえば、ポール。ポールは、ワゴン車に寝起きする生活とおさらばした。あいつはテロリストか、と不安にかられた地元住人や警察に詮索《せんさく》され、ふつうのアパートに引っ越さざるをえなくなったのだ！　わたし自身、生活の中心が変わった。いまでも日本のことをもっと知りたいし、悟りの道をきわめたいと思っているが、最近ではテニスコートで過ごす時間が増えてきている。息子のリキとベンが、プロのテニスプレーヤーになりたい、ウィンブルドンで優勝したい、と言いだしたからだ。この先十年は、息子たちの夢をかなえるために、邁進《まいしん》することになるだろう。夢に向かって努力することは、生きるはりあいになる。息子たちも、夢に向かって懸命に努力している。そんな息子たちを応援するのが、わたしの仕事だ。夢や目標のない人生など、むなしいではないか。いまのわたしには、息子たちの夢こそが人生の夢だ。

最後に、慈悲をたれてくださった観音さまにお礼を言いたい。さらに、こんなわたしに辛抱強くつきあってくれる、我が最愛の美しき妻ユリコへ。ありがとう。

二〇〇三年七月十五日　クレイグ・マクラクラン

Atogaki for "Chindochu"

It is three years since Paul and I journeyed around the Saigoku 33 Temples of Kannon Pilgrimage. The world has changed in those short three years. For one, Paul can no longer live in his van, he was constantly being pestered by locals and the police who were worried that he might be a terrorist, so he had to move to a normal apartment! On a personal level, my focus has changed. While I'm still keen to learn more about Japan and continue my personal search for enlightenment, I'm spending more and more time on the side of a tennis court! Both my sons, Riki and Ben, want to become tennis professionals and win Wimbledon, so my next ten years will be focused on giving them every opportunity to fulfil their dreams. Making an effort brings a meaning to life, and my sons are making huge efforts to fulfil their dreams. It is my job to help them. Life is pointless without goals and dreams, and their dreams are now my dreams.
I thank Kannon for her mercy. I thank my exceptionally beautiful wife, Yuriko, for putting up with me.

Craig McLachlan
July 15, 2003

本書のプロフィール

この作品は、原題『My Wanderings with Basho』を、橋本恵の翻訳により、刊行したものです。
著者の日本語の作品は、『ニッポン縦断歩き旅』（'98年刊行）、『ニッポン百名山よじ登り』（'99年刊行）、『四国八十八か所ガイジン夏遍路』（'00年刊行）に続き、これが第四冊目です。

シンボルマークは、中国古代・殷代の金石文字です。宝物の代わりであった貝を運ぶ職掌を表わしています。当文庫はこれを、右手に「知識」左手に「勇気」を運ぶ者として図案化しました。

「小学館文庫」の文字づかいについて

- 文字表記については、できる限り原文を尊重しました。
- 口語文については、現代仮名づかいに改めました。
- 文語文については、旧仮名づかいを用いました。
- 常用漢字表外の漢字・音訓も用い、
  難解な漢字には振り仮名を付けました。
- 極端な当て字、代名詞、副詞、接続詞などのうち、
  原文を損なうおそれが少ないものは、仮名に改めました。

西国《さいごく》三十三《さんじゅうさん》か所《しょ》ガイジン巡礼《じゅんれい》珍道中《ちんどうちゅう》

著者　クレイグ・マクラクラン（訳《やく》／橋本恵《はしもとめぐみ》）

二〇〇三年十月一日　初版第一刷発行

編集人――山田武美
発行人――佐藤正治
発行所――株式会社　小学館
〒一〇一-八〇〇一
東京都千代田区一ツ橋二-三-一
電話　編集〇三-三二三〇-五四四七
制作〇三-三二三〇-五三三三
販売〇三-五二八一-三五五五
振替　〇〇一八〇-一-二〇〇

印刷所――図書印刷株式会社
デザイン――奥村靫正

ISBN4-09-411154-9

小学館文庫